新編　高校現代文明論

内木文英　監修

学校法人東海大学 高校現代文明論編集委員会 編

東海大学出版部

若き日に 汝の思想を培え
若き日に 汝の体躯を養え
若き日に 汝の智能を磨け
若き日に 汝の希望を星につなげ

松前重義書

新しい文明の創造と東海大学の教育

学校法人東海大学
総長　松前　達郎

―新しい文明の創造と東海大学の教育―

学校法人東海大学
総長　松前達郎

東海大学の教育理念は,「人類が長い歴史の中でくり返してきた対立や戦いを克服し,人々が平和に,地球市民としてお互いに心をつなぎあい,人と社会と自然がともに生きる文明社会を構築する」ことにあります。そして,明日の歴史をつくる人材の育成をめざして教育活動が行われているのです。

東海大学の創立者,松前重義は,20世紀がスタートした1901年に生まれ,激動する20世紀の歴史の中で波瀾万丈(はらんばんじょう)の生涯を送り,1991年に亡くなられましたが,東海大学の教育の基本的な理念は,その東海大学の創立者,松前重義の思想と体験,不屈の精神から生まれたものです。

そこで創立者松前重義が生きた20世紀とはどういう時代であったかを検証するとともに,21世紀はどういう文明社会でなければならないか,を考えてみましょう。

第1に,20世紀は大戦争の続いた世紀であったと言えます

20世紀は日露戦争によって始まり,湾岸戦争によって終わりました。この間,二つの世界大戦,日中戦争,太平洋戦争,ベトナム戦争など13の大きな戦争が次々に起こりました。日本が戦った戦争は三つ,関与した戦争は五つあります。

はじめの部分で述べた東海大学の教育理念のうち,「人類が長い歴史の中でくり返してきた対立や戦いを克服し」という考え方は,平和な時代を実現させるために努力を続けようということです。

地球に人類が生存するかぎり戦争はなくならない,という人もいますが,私たちは「平和」を願い,「平和」が一日でも長く続くよう,精一杯努力するべきでしょう。

第2に,20世紀は,資本主義と社会主義の二つのイデオロギーの対立する世紀でした

この対立は最終的には東西の「冷戦」として表面化し,核戦争に発展するのではないか,人類は破滅するのではないか,という危機を生みました。

1991年,社会主義の中心となっていたソビエト連邦が消滅し,東西の対立による危機は回避されたように見えます。このことは資本主義が社会主義を追い払ったようにも見えますが,今日の資本主義の社会制度や経済構造の中には,社会主義的制度がたくさん取り入れられているのです。資本主義と社会主義の対立というような構図は過去のものとなりました。21世紀は二つの社会思想の対立ではなく,新しい社会思想を創りあげる世紀にするべきでしょう。

第3に,20世紀の終わりにかけて,自由な市場経済が花と咲き,人々の購買欲をそそるものが身の周りにあふれる時代を迎えました

欲しいものが何でも揃っている時代は来ましたが,「利益優先主義」や「弱肉強食」の市場経済の中で,「人間の心」を大切にする気持ちが薄れ,世の中から「愛や信頼」が失われ,乾ききった冷たい社会が生まれようとしているようです。しかも,恵まれた時代環境の中で育ち,家や社会,国家などへの帰属意識が薄く,自己中心的な考えを持つ若者たちの姿が目立ちます。最初に述べた「地球市民としてお互いに心をつなぎあう」という言葉は,今のような時代だから特に,

「豊かな心」を育てることが大切なのだ，ということを言っているのです。

第4に，20世紀は，人類による地球環境の破壊が始まった世紀でした

産業革命以後の工業化社会の発展や，生活環境を向上させたいという人々の願いが，環境破壊を急速に進めてしまった世紀でした。そしてそれは地球規模にまで拡がっていきました。

日本各地で問題になった公害は，すでに解決されたように見えますが，最近では，自然界には存在しない合成人工物質による「環境ホルモン」や「ダイオキシン」などの問題が次々と起こってきています。

第5に，20世紀は科学技術が急速に発展した世紀でした

言うまでもないことですが，科学技術というものは，人類の繁栄に貢献すべきものであって，その滅亡に手を貸すものであってはなりません。ところが，最近の「遺伝子操作」や，「クローン技術」の発展は，人間の尊厳を失わせてしまう危険性を秘めています。

「人類は科学という名の馬に乗ってはみたものの，その馬の暴走を制御できなくなるのではないか」と言った，英国の哲学者の言葉を，改めて噛みしめる必要があります。21世紀の科学技術は，人類の英知で，支配・制御されなければなりません。

最後に，20世紀の後半は，エレクトロニクスの急速な発展により，情報通信革命が引き起こされ，情報化社会が生まれた時代でした

これからの高度情報化社会では，人々のプライバシーや名誉が簡単に損なわれるばかりか，新しい種類の犯罪が次々と起こる可能性もあります。あまりにも速い情報技術の進歩に，社会のシステムや政治がついていけない，そういう恐れさえあります。情報が氾濫し，どれが真実か見極めることが困難になりかねません。したがって，情報化社会に対する新しい倫理と，社会システムの構築が必要であると同時に，個人の「本物と偽物を識別する能力」も要求される時代になってきたと言えます。

以上，20世紀の代表的特徴と問題点について述べ，東海大学がめざす教育の基本理念である「人と社会と自然がともに生きる新しい文明社会の構築」は，これまで指摘したような20世紀に対する反省のもとに行わなければなりません。すなわち東海大学の創立者，松前重義が言ったように，「物質的文明と精神的文明が互いに調和した新しい文明の構築」をめざすことになります。

世界は新しい変革の時代を迎えています。私たちの文明も新しい時代に入ろうとしています。社会の変化は，価値観の多様化，画一化からの脱却，慣習や生活様式の変化などをはじめ，教育，産業，制度，政治などが多様化へ進むことを余儀なくされつつあります。

それでは，このような時代に，社会が諸君に要求するものは何でしょう。

教育が一般化し，大衆化した今日，社会が諸君に期待し要求するのは，卒業証書でも学士号でもありません。21世紀の社会が諸君に何を期待し要求するのかを見極め，有効に時間を使って，自分の才能を豊かなものにしあげていただきたい。みずから培った確固たる「思想」のもとに，その希望を星につないでほしい。

これからも東海大学は，創立者の精神と意志を継いで，21世紀の文明の開拓者として，諸君とともにその使命を果たしてゆきたいと考えています。

目　　次

新しい文明の創造と東海大学の教育　　総長　松前達郎

第1章　現代文明論 ·· 5
　1．現代文明論の成り立ちとめざすところ　　　　　　6
　　（1）現代文明論の成り立ち
　　（2）高校現代文明論のめざすところ
　2．建学の精神と東海大学の学び　　　　　　　　　　8
　　（1）建学の精神
　　（2）東海大学の学び
　　（3）思想を培う

第2章　松前重義と東海大学の精神 ·· 13
　1．創立者「松前重義」と彼を支えた人たち　　　　　14
　2．さまざまな人たちとの出会い　　　　　　　　　　17
　3．デンマークの復興と教育に学ぶ　　　　　　　　　18
　4．無装荷ケーブル発明のヒント　　　　　　　　　　20
　5．望星学塾の誕生と東海大学の創設　　　　　　　　22
　　（1）望星学塾の誕生
　　（2）東海大学の創設

資　料
　1．これまでの学びとこれからの学び　　　　　　　　27
　2．学校制度の変遷　　　　　　　　　　　　　　　　30
　3．本田伝喜　　　　　　　　　　　　　　　　　　　34
　4．内村鑑三　　　　　　　　　　　　　　　　　　　35
　5．デンマークの復興　　　　　　　　　　　　　　　35
　6．国民高等学校　　　　　　　　　　　　　　　　　36
　7．ニコライ・グルントヴィ　　　　　　　　　　　　36
　8．エンリコ・ダルガス　　　　　　　　　　　　　　37
　9．篠原　登　　　　　　　　　　　　　　　　　　　37
　10．浅野博士奨学祝金　　　　　　　　　　　　　　　38
　11．浅野博士奨学祝金贈呈式での松前よりの謝辞　　　38
　12．無装荷ケーブル説明図　　　　　　　　　　　　　39

第3章　現代文明の諸問題を考える ·· 41
　1．国際　　　42　　6．科学　　　47
　2．平和　　　43　　7．情報　　　48
　3．人権　　　44　　8．生命　　　49
　4．福祉　　　45　　9．知的財産　50
　5．環境　　　46　　10．スポーツ　51

参　考　考えるための技術 ·· 53
　1．情報を集める　　　　　　　　　　　　　　　　　54
　2．考えを組み立て，伝える　　　　　　　　　　　　58
　3．議論する　　　　　　　　　　　　　　　　　　　62

年　譜 ·· 68

第1章
現代文明論

1．現代文明論の成り立ちとめざすところ……………… 6
2．建学の精神と東海大学の学び………………………… 8

1．現代文明論の成り立ちとめざすところ

（1）現代文明論の成り立ち

代々木校舎1号館落成当日の松前学長
（東京都渋谷区）1955（昭和30）

教科書『現代文明論』初版
1963（昭和38）刊

東海大学は，1955（昭和30）年に，学園発祥の地である静岡県清水市（当時）から東京（現・代々木校舎）に移転した。東海大学独自の科目である「現代文明論」は，東京移転直後，創立者である松前重義が，自らの専門である「電気学概論」や「政治学概論」の講義の中で，専門分野の枠を超えて思想・科学・歴史・哲学・文学・政治・経済・社会情勢や人生のことなど，幅広い分野に話が及んだことに端を発する。その後，1958（昭和33）年「現代文明論」として独立した講義科目となり，東海大学の工学部と文学部の学生に，学部や学科にとらわれない，学生共通の科目として講義を開始した。

単に専門的なことに詳しくなっても，それだけで真の学問や人類の幸福に寄与することはできないと考えた松前は，それまでの数多くの矛盾や悩み，さらに理不尽に対した経験から，バランスのとれたものの考え方や，その基盤となる思想がいかに大切であるかを痛切に感じていた。そのため，現代文明への警鐘として，また人生をより意義あるものとすべき姿勢として，豊富な例をあげ，学生に語り続けた。

松前はその講義の中で，「知識や技術の習得だけではなく，自ら得た学問を通して，人生や歴史，そして世界について常に考え，現代に生きる人間として，いま何をなすべきか」と問いかけている。すなわち，知識を吸収するだけではなく，自ら学んでいくことを通して，正しい生き方を考え，自分が何をしなければならないのかを考え実行する必要があると，熱心に説いたのである。

しかし，年々拡大していく大学の中で多忙を極めていた松前が，いつまでも一人で「現代文明論」を講義することは実際には不可能であった。そこで学園創設以来の同志を中心とした学園内外のメンバーで講義を分担し，建学の基本理念と，それぞれの専門分野をいかした「現代文明論」が行われるようになった。

（2）高校現代文明論のめざすところ

「現代文明論」の目的は，自らに「人生如何に生きるべきか」と問いかけ，意義ある人生を送るため，多様なものの見方の中から，正しいものの見方・考え方を確立し，人道主義・人格主義に基づいた思想を培うことにある。

その思想を学び，生徒一人ひとりが自ら人生や社会のさまざまな問題について考える機会として，「高校現代文明論」を1994（平成6）年4月から学園のすべての高等学校において開始した。

　この学習の中心的な視点として，今，自分の身の回りや世の中で起こっているいろいろな問題点を，現在の視点や価値観だけで見るのではなく，歴史の流れの中に捉え，その上で課題解決について考える。そしてその問題を自分とのかかわりの中で考え，さらに社会に生かし，どう明日につないでいくかが，この学習の一貫した流れになっている。

　高等学校における「思想を培う」具体的な目標は次の四つである。
・社会や人生の課題や矛盾を考える。
・課題や矛盾の原因を探る。
・社会矛盾を解決するさまざまなやり方を理解する。
・自己の能力を社会発展のために適用させるにはどうしたらよいかを考える。

　つまり，自ら学び，自ら考えることが「高校現代文明論」の基本であり，現代文明における諸問題を考えるときは，自己中心的な視点に陥ることなく，世界的視野と人道的な立場に立ち，歴史的事実に基づいて判断することが大切になる。そして，その態度が，文明の姿を誤（あやま）ることなく，偏（かたよ）ることなく，把握することにつながっていくのである。

　「高校現代文明論」で学んだことは，実用的な学問と違って，すぐに毎日の暮らしに役立つというものではない。むしろ，その学習成果は目に見えるようなものではないだけに，実感に乏しいかもしれない。しかし，学問には本来，目に見えるような実用的学問と，目には見えにくい学問とがあり，その両方がうまく噛（か）み合って社会や人類に貢献できるものとなっている。そのいずれもが，やがてその人自身の血となり肉となり身となっていく欠かせないものなのである。

　「高校現代文明論」は，それを学んだ人にとって，生きていく上での指針になることをめざしている。

雪の代々木校舎全景（東京都渋谷区）1956（昭和31）

東京移転7年目で代々木校舎完成（東京都渋谷区）

2．建学の精神と東海大学の学び

（1）建学の精神

　「建学の精神」とは，学校を創立する際の，目的・理念などを表したもののことをいう。特に，私立の教育機関は，それぞれ独自の精神や思想のもとに設立されており，公的教育機関とは一線を画した特徴ある人材の育成をめざすものが多い。

　明治維新以後に設立された多くの私立学校も，新しい近代国家の中において，将来を見据えた，それぞれの創立者の設立理念によって興されている。

　たとえば，大隈重信によって設立された早稲田大学の「学問の独立・進取の精神」や，福澤諭吉によって設立された慶応義塾大学の「独立自尊」などは，一般にもよく知られ，その言葉に集約された建学の理念は，100年をはるかに過ぎた今も，脈々とそれぞれの大学に受け継がれている。

　東海大学の建学の精神は，創立者の松前重義が掲げた高い理想にある。これについて，松前は，「東海大学の建学の精神と建学の目的は人道主義・人格主義に基づき，精神文明と物質文明の調和した総合文明の時代を建設し，人類社会への奉仕の精神をもって，アクティブに行動し得る人材を育成し，世界の平和と人類の幸福に貢献することである」と言っている。

　精神文明を偏重することは，自然科学を否定し，宗教を中心とした人間的・精神的なもののみで見ることであり，物質文明を偏重することは，自然科学からのみものをとらえ，それ以外の見方を否定することである。

　松前は，この精神文明と物質文明の調和を重視した総合文明の建設をめざしたのである。

　つまり，「ヒューマニズム精神をベースに偏りのないバランスのとれた新しい文明社会を建設し得る人を育て，世界平和と人類の幸福に貢献すること」と言っているのである。平和な世界とは，すべての人々が平等で，豊かな生活を営むことができる社会である。そういう社会を創りあげるためには教育による有為な人材の育成が必要であり，東海大学は，そういう青年を世に送り出したいのである。

（2）東海大学の学び

　松前は，「知識と技術の習得だけでなく，自ら得た学問を通して，人生や歴史，そして世界について考え，現代に生きる人間として，今何をなすべきか」を学生に問いかけた。すなわち，知識を吸収するだけではなく，自らの思想にもとづく主体的な学びを通して，正しい生き方を考え，自分が何をしなければならないのかを考え，実行する必要があると繰り返し語った。

　松前の講義は，世界の歴史的な事実にもとづいて，その時代の思想家や政治家，科学者，

そして宗教家などが，何を主張し，実践したのかを具体的に述べ，彼らが社会をどのように変革していったかを説いたものであった。たとえば，科学と宗教の関係を論じて次のような講義をした。

湘南校舎2号館で松前重義総長の「現代文明論」講義
（神奈川県平塚市）

　16世紀の学者で，コペルニクスという人がおりました。この学者は地球は丸いものであって，太陽系の周囲を自ら回転しながら廻っていると考えたことは皆さん方も知っているとおりです。ところが当時の教会は，政治と宗教に実権をもっていましたから，教会の言うことに反対する者を片端から弾圧しました。教会は何と言っていたかというと，地球は平らなものである，そのまな板のようなものの上のほうに太陽が来た時には昼，裏に行った時には夜になるという，まことに簡単な宇宙観をその信者たちに教えていたのであります。そしてこれに反対するものは片端からやっつけられたのです。中でもガリレオ・ガリレイは，望遠鏡を発明して天体を観測し，その結果コペルニクスの言うとおりだと言ったので，やがて異端審問所で神を否定するものとして審判され，地動説の放棄を命ぜられたのであります。さらに彼が『天文対話』という本を出版すると，これが非難されて，ローマに幽閉され，許されて出された時には体が衰えて間もなく死んだのであります。しかも死んだのちにも親子代々の墓に埋められることを禁じられたのであります。こういうふうな弾圧が相次いで下ったのです。自然科学というものは，宗教を否定するものである，神を否定するものである，異端の学問である，無神論者のものである，こういうレッテルを貼られて葬られたのであります。ところが，ローマ教会のこういう非道な行為は，やがて批判の的になるのであります。ルーテルが出て，宗教改革を唱えたのがそれであります。やがてルーテルの言うことが本当だということになって，その大衆の支持を受けて，ついに宗教改革運動というものは成功したのであります。それでローマ教会の威信は地に落ちてしまった。ところが，このローマ教会によって，科学技術者というものは，異端者，神を否定するもの，無神論者，唯物論者として葬られてきたのでありますから，ローマ教会の没落と自然科学の勝利は，唯物主義の勝利として，唯物主義を認めるような傾向さえももってきたのであります。すなわち今までは精神文明が物質文明を否定し，今や物質文明が精神文明を否定したのであります。こうしてお互いに敵視しながら進んできたのが今日までの歴史であります。そこに人類の不幸があったとみてさしつかえありません。そこで物質文明の爛熟したこの現代というものを，われわれは正しく見て，新しい文明というものを考えなければなりません。すなわち両者が互いに退け合うというような，こういう不幸な過去というものを再び繰り返してはならないのであります。精神文明と物質文明との調和，これが一番大事です。

東海大学の学びは，この講義で語っているように，さまざまな歴史的事実を常に念頭におき，何事も自分の良心に照らし，精神文明と物質文明との融合，すなわち調和のとれた総合文明を人間社会の理想に掲げ，どちらか片方だけに傾くことなくバランスのとれた学びをめざしている。

その具体的な方針として，「文理融合」という考え方を挙げている。それは文系の学生も理系科目を履修し，また理系の学生も文系科目を履修することにより，専門という一面だけの視点で物事を見るのではなく，多面的・複合的な視点で物事を捉える，バランスのとれた学問のことを意味している。

（3）思想を培う

「高校現代文明論」を学習する上で，二つの視点が必要とされる。一つは，歴史現象や社会現象を捉えるとき「自然科学を支配する原則が人間の社会や歴史をも支配する」という松前重義の考えである。これは，自然界だけでなく，人間社会で起こってきたことや起こることは，単なる偶然の積み重ねではなく，長い目で見たときや，さまざまな側面から見たときに，そこには一定の関連性や法則があるということである。もう一つは，「正しいものの見方・より良いものの見方」を培うとき，常にその底辺に「人道主義・人格主義に基づいた思想でなければならない」という考え方があるということである。この2点を踏まえることで，より良い歴史観・世界観を構築することにつながり，ひいては人生観の確立につながると考える。

「高校現代文明論」のめざすところは，「思想を培う」ことにある。ここでいう思想とは，特定の宗教や思想家の考え方のことではなく，その人自身の正しいものの見方・考え方のことをいう。その人自身の確固たる視点で，人と社会も含め，それらを取り巻くものをどのように捉えるかという「世界観」が重要になる。より良い世界観を持つためには，物事を歴史の流れの中に捉え，人道主義・人格主義の立場に立って，より正しい判断をする力を身につけることが必要である。それは，歴史を見る眼を養うということである。歴史の中には，今に生きる現代人に向けての多くのメッセージが込められている。そのメッセージの一つひとつから，何を学び，学んだことをどう生かしていくかが，歴史の中の1ページに生きるわれわれに課せられた使命ともいえる。そのような姿勢で日々の生活に向かう中で，より良い人生観も培われる。

いかに勉強にすぐれ，成績が良いとしても，その力を正しく世の中に生かしてこその成績である。どう生かすことが正しいのか，その根底が揺らいでいては，その人の人生も揺らぐし，社会まで揺らいでしまう。その人の根底にあるものの見方や考え方は，常に希望的であり，強い信念のもと積極的かつ道徳的でありたい。社会に対する責任を自覚した上で，われわれの文明はいかにして築かれたのか，現代文明の抱える問題は何か，今後の文明はどうあるべきかなどを考えていかなくてはならない。

われわれの社会には，良かれ悪しかれいろいろな難物が存在している。心の迷いもあ

れば，外からの誘惑もある。よって，歴史の流れの中に物事を捉え，人道主義・人格主義の立場に立って，より正しい判断ができてこそ，誤りのないものの見方と考え方ができる。安易に時流に流されないように足元を見つめ，人生は必ず実を結ぶと信じて，果敢に物事に取り組んでほしい。つまり，できるだけ若いうちに，基本的な考え方を養うことが大切なのである。

［資料1　P27参照］

第2章

松前重義と東海大学の精神

1．創立者「松前重義」と彼を支えた人たち……………14
2．さまざまな人たちとの出会い……………………17
3．デンマークの復興と教育に学ぶ…………………18
4．無装荷ケーブル発明のヒント……………………20
5．望星学塾の誕生と東海大学の創設…………………22
資　料………………………………………………27

1．創立者「松前重義」と彼を支えた人たち

生家　熊本県上益城郡大島村（現　嘉島町）

白川尋常小学校時代

　東海大学の創立者，松前重義は，20世紀のはじまりである1901（明治34）年10月24日に，当時の熊本県上益城郡大島村大字上嶋に生まれた。松前家は祖父の代までは熊本を治めていた細川藩の藩士の家であり，熊本城下に居住していた。明治維新後に起きた日本最後の内乱である「西南戦争」により，熊本城下は灰燼に帰した。家を焼かれた松前家は，近郊の大島村に家を求め移住した。大島村は美しい水を湛えた二本の川と，緑溢れる自然豊かな里であった。父集義は村人に請われ村長となり，水害等に苦しむ村人の陣頭指揮を執った。村長といっても，ほとんど無報酬に近い中での活動は，松前家の経済を圧迫した。その苦しい家計を母恵寿が養蚕の仕事を中心にして支え，重義も6人兄弟姉妹のひとりとして幼い頃より母を助けた。地元の大島尋常小学校に入学し，人一倍大きな体で，わんぱくぶりを発揮し，村でも目立つ存在であった。

　重義少年が小学校5年生の夏休み，両親は，子どもたちを上級学校へ進学させたいと考え，一家はもとの熊本市内へと移住した。重義は2学期から熊本市立白川尋常小学校へと転校した。大島村の頃はいつもトップクラスの成績であったが，転校後は成績が上位にあることはかなわなかった。1年後には中学校（旧制）受験も控えていたこともあり，重義は猛勉強を始め，クラスの上位に成績をあげた。大島村の頃は，何でもトップで，お山の大将でいられたが，熊本に転校したとたんに大将どころではなくなった。上には上がいる。これはうかうかとはしていられない。何もかもが衝撃の連続であった。

　転居してまもなくの頃のことである。

　「熊本に出て私がいちばん驚いたのは，夕方になると一斉に街灯や商店の電灯がパッとつき，それが子ども心に実に珍しかったことだった。まだ，電気会社が誕生して間もないころで，村では石油ランプ生活だった。毎日，夕方になると，私は町を歩きまわって，『なぜあれはつくんだろう』と眺めていた。のちに大学に入って，電気を勉強することになるのだが，その芽生えは子どもの頃，電灯が灯るのを見て不思議に思ったことが，この道に足を突っ込むきっかけになった。『三つ子の魂百まで』というが，子どもの時に強い印象を受けたことは，なかなか忘れ難いものだ」とのちに松前は語っている。

　子どもの頃に「なぜだろう，どうしてだろう」という疑問や関心を持ったことは，のちに興味を持つきっかけになる。子ども時代の旺盛な知識欲を将来につないでいくと，

無限の可能性が拡がる。ちょっとした疑問や発見を大切にすることが大事であろう。

　1914（大正3）年4月，熊本県立熊本中学校に入学する。柔道界で活躍していた兄顕義の影響で，中学3年から重義も柔道を始めた。柔道に夢中になった重義は，夜には町の道場へも通い，めきめきと腕を上げていった。しかし，4年生の時に成績が大きく下がった。これは，柔道に夢中になり過ぎた結果だと考えた担任は，ある日，家庭訪問をして，父親に柔道をやめるように進言した。これに聞き耳を立てていた重義は驚き，部屋に飛び込むと「柔道をやめるくらいなら，学校をやめます」と言い切った。それほど柔道の魅力の虜になった重義であったが，自分のことで両親や担任に心配をかけるのはよくないと深く反省し，しっかりと両立すべく，たとえ練習でくたくたになった後でも，睡魔と闘いながら猛勉強をした。その時の経験が，のちの文武両道の実践を主張することにつながっている。それ以後，父も担任も，柔道の試合には応援に来てくれるようになったという。

兄・顕義

　しかし，大好きな柔道にも落とし穴があった。兄顕義の手ほどきもあり，重義は白帯ながら連戦連勝であった。ある試合でのこと。重義は鹿本中学の星子亨という選手と対戦した。体が大きく，力が強い重義は負ける気がしなかった。しかし，体の小さな星子選手に軽く投げられてしまい，その後も連敗した。

　「俺はなぜ負けたんだろう」

　柔道における最初の挫折であった。明らかに自分の方が強く，相手の方が弱いと思っていた。それが簡単に負けてしまった。焦れば焦るほど投げられた。体の小さな星子選手は，重義の強引な力で攻める柔道に対し，相手の力を逆に利用して投げ技に持ち込み勝ったのである。重義の完敗であった。重義は深く反省した。これまでの力任せの強引な柔道ではなく，本当の技のある柔道をしなければ先がないと思った。

　「中学の早い時期に負けてよかった。あのまま負け知らずでいたら，傲慢になっていたであろう。自分に謙虚にならなければならないことを，あの試合で学んだ」。重義は柔道以外のことでも，あの時の経験が役立っていると語っている。

　1919（大正8）年4月，家庭の経済状況から中学卒業後，帝国大学に直結した高等学校へは進学せず，熊本高等工業学校へと進学した。しかし，高等学校へ進学した中学校の同級生たちの様子を見るにつけ，重義の向学心は増すばかりであった。高等工業も合格するには難しい学校ではあったが，当時の制度で

熊本高等工業時代　前列左端　後列右端は兄・顕義

抜山平一
東北帝国大学教授

は高等工業から帝国大学への受験は認められていなかった。大学に進学してもっと勉強をしたい。だが，家の経済状態ではとても言い出すことはできなかった。そのような重義の様子を見ていた兄の顕義夫婦は，経営していた薬局が順調に伸びていたことから，重義を呼び，帝国大学への進学を勧めた。仙台の東北帝国大学だけが，若干の入学を認めていたからである。高等工業の教師野田清一郎の勧めもあって，東北帝国大学を受験し，受験者280余名のうち合格者わずかに2名という難関を突破した。

1922（大正11）年4月，東北帝国大学工学部電気工学科に入学した松前は，またもや柔道に熱中し，柔道部を創り，大きな柔道大会を開催するなど活躍した。また，陸上競技にも熱心に取り組んだ。のちの実行力の片鱗が，すでにこの頃から現れていた。しかし，柔道や陸上競技ばかりをしていたわけではない。東北帝大には日本を代表する錚々たる学者が集まっていた。日本の10大発明家に入っている本多光太郎博士や八木秀次博士などがいた。同級生の多くは電気工学の八木教授についた。しかし，松前は指導の厳しさでは定評のあった抜山平一教授についた。そして一対一で徹底的に鍛え上げられることになる。教授から与えられた卒業論文のテーマは「三極真空管の内部インピーダンス（回路抵抗と誘導作用の組み合わせ）の特性の測定」である。測定実験データなどない時代である。松前が抜山教授に「測定は困難ではないでしょうか」と尋ねると，「測定困難なら困難で，困難であるというデータを持ってきたまえ」と言われた。それならばと俄然意欲的になった松前は，自分なりに創意工夫を凝らした測定装置を作り，研究を開始したのである。さまざまな障害を乗り越え，抜山教授の懇切丁寧な指導を受け，根気よくデータを取り続け，ついにインピーダンスの測定に成功した。

しかし，その成功の過程において不愉快な出来事があった。松前の測定したデータを横取りして，自分の実績にしようとした教授がいたのだ。抜山教授の尽力で事なきを得たが，後味の悪さが残り，八木教授や抜山教授に大学に残ることを勧められたが，醜い学者の世界を垣間見た松前は断った。

こうして振り返ってみると，両親や兄夫婦，中学校や高等工業の先生，あるいは大学の教授たちや柔道や陸上競技の仲間たちなど，実に多くの人たちに支えられた青少年時代であったのである。

［資料2　P30参照］

松前在学時の東北帝国大学工学部棟（現　仙台市青葉区）

2. さまざまな人たちとの出会い

1925（大正14）年3月，松前は東北帝国大学工学部電気工学科を卒業し，逓信省に入省し，翌年技官となった。逓信省とは電気事業・電話・通信事業や郵政事業に関する業務を管轄する役所である。「大学で研究に従事するより，直接，国家的規模の事業に関わる仕事に就きたかった」と松前は語っている。

逓信省庁舎（現　千代田区大手町）

しかし，学者世界の醜さに絶望した時と同じように，役人生活に対しても失望する時が訪れた。「逓信省に入って，役人生活を始めてみると失望を禁じ得なかった。元来保守的体質のある役所の世界は，事無かれ主義が支配し，個性や能力は黙殺され，水準以上に有能な人も，気概や活力に乏しい人間に変わっていき，私は空虚な感じにとらわれざるを得なかった」と，その時の思いを話している。朝，役所に出勤し，夕刻一日の仕事を終えて下宿に戻る。その繰り返しの中で毎日が過ぎていく。自分はこうして年老いていくのか。このまま人生を終わるのか。それでいいのか。人生とは何だ。このままでいいのか。それは「迷い」や「むなしさ」などとの闘いの始まりであった。松前重義ときに23歳であった。

ある日のことである。東京の高円寺にある下宿で一緒だった吉川良弘という，杉並小学校の教師から声を掛けられた。机の上にあった聖書を見つけた吉川は，「クリスチャンですか」と尋ねた。「いや違います。姉が嫁いだ義兄（本田伝喜）がルター派の西大久保教会の牧師をしていまして，読んでみろとくれたものです」と答えると，「それなら私と一緒に聖書講読に行きませんか」と松前を誘った。そこが思想家，内村鑑三が毎週日曜日に，新宿・柏木の今井館で開いていた聖書研究会であった。

そこで，初めて内村鑑三の講義に接した松前は，「この人こそわが人生の師である」と思ったという。内村は聖書に書かれている思想を読み取った上で，宇宙を論じ，歴史を語り，科学について話す。それは内村鑑三自身に血肉化された「日本のキリスト教」の体現であり，「内村鑑三の唱えるキリスト教」であった。内村は，人類普遍の精神原理としての人道主義や平和主義を熱っぽく説いた。さらには個人と社会，個人と国家，個人と世界などの整合性も鋭く追求し，その世界観・思想・哲学が，迷える松前の心を強くとらえた。

旧約聖書の中に言う。「汝のパンを水の上に投ぜよ。多くの日の後に汝ふたたびこれを得ん」と。常に善をなせば，たとえそれが無駄で効果の見えないものであっても，将来には何らかの報いがあるものである。直接，自分には見返

姉・本田ヤス

義兄・本田伝喜

今井館聖書講堂での聖書研究会　教壇左脇内村鑑三
（現　東京都新宿区）　大正期

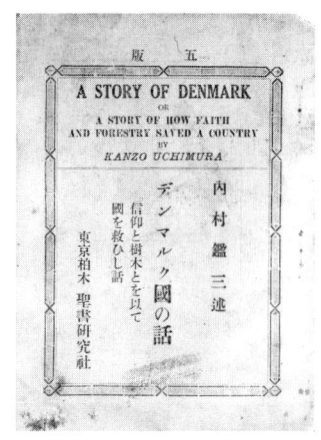
内村鑑三の聖書研究会での講義録

りはなくても，どこかで努力は報われるものであるという歴史的視点からの教訓であろう。「人生いかに生くべきか」。松前はこの思いを土台として，自らの生涯の使命を発見しなければならないという思いを胸中に秘めるに至った。

　松前を，中学生であった頃からずいぶんとかわいがり，また松前自身も慕い，聖書を与えた義兄・本田伝喜牧師。悩める自分に声を掛け教会に誘い，のちに阿佐ヶ谷教会の牧師となる吉川良弘。衝撃的な講義で生きる指針を与えた内村鑑三。人生の行く手について悩む青年松前に光を与えた人々である。人生の指針を得た松前は，このあと，仕事の中に活路を見出していくことになる。「無装荷ケーブル通信方式」の開発のための研究に着手したのは，それから間もなくのことである。この研究に取り組む決意をしたことで，新たな出会いがさまざまに拡がっていく。　　　　［資料3・4　P34～35参照］

3．デンマークの復興と教育に学ぶ

　内村鑑三の「聖書研究会」に参加した松前は，その歴史観・世界観・人生観・自然科学観・聖書の考え方などさまざまな面から衝撃を受けた。日曜毎に通ううちに，ある講義でデンマークに関する話を聞き，それが後の松前の人生を大きく方向づけることになる。

　それは，おおむね次のような内容であった。

　1864年，デンマークはビスマルク率いるプロシャ（ドイツ）とオーストリアの連合軍と戦って敗れ，デンマークで最も豊かな地域である南部のシュレスウイッヒ，ホルスタインという地域を奪われてしまう。あとに残された土地は，北氷洋から吹く北風が作り上げた，砂丘ばかりの荒地であった。人心はすたれ，社会は混乱し，国は絶望の淵に追い込まれていった。

　こうした状況の中からニコライ・グルントヴィという牧師が立ち上がった。彼は歴史

学者であり，詩人であり，政治家でもあった。70歳近くで国会議員に当選し，若い議員を凌駕する迫力で熱弁を振るった。国語問題，宗教改革問題，思想や出版や言論結社の自由を獲得する問題，そして国民高等学校の問題などに果敢に挑み，その解決に努力した。

　荒廃したデンマークを，立ち直らせなければならない。これからの国を背負って生きる若い人たちに，進むべき道をはっきりと示し，彼らが自覚を持ち，希望を持って生きていけるような社会をつくらなければならないと思っていた。知識だけでなく，正しい歴史観・世界観・人生観を教えなければならない。グルントヴィはそのために，国民高等学校が必要だと説いてまわったのである。

　彼のこの呼びかけに共鳴した若い教師が，グルントヴィの教えにしたがって農村に飛び込んだ。自分たちで柱を立て，壁を塗り，煉瓦を積み，屋根を葺き，学校を作った。明日のデンマークのために身を捧げた人たちが，デンマークの若い力を育てることで，戦禍にまみれた国土を復興させる原動力を作っていったのである。

　また，もう一人，デンマーク復興の実践者として，工兵士官であったエンリコ・ダルガスがいた。荒地であったユトランド地方を植林によって生まれ変わらせ，狭い国土を緑地化することで，デンマーク農業の再生をはじめとする各分野の復興に尽力した。親子二代にわたる植林事業は，「外にて失いしものを，内にて取り戻さん」としたダルガスの志を具体的に形にしたものであり，その後のデンマークの隆盛の源になっている。

グルントヴィ
(N.F.S.Grundtvig)

ダルガス (E.M.Dalgas)

　デンマークの話を聞いた松前は，デンマークの姿こそ日本がめざすべき姿ではないかと考えた。さらに，松前は自らが生きる方向をこのデンマークに見出していったのである。彼は毎日の仕事や研究に没頭するようになった。しかし，頭の中には，いつもデンマークのことがあり，片時も離れることはなかったのである。

　内村鑑三の聖書研究会で，時折，講演をしていた平林広人はデンマークの国民高等学校卒業後，日本に帰り，静岡の地で通称"デンマーク塾"と呼ばれた「興農学園」を運営していた。若き日の松前はここを訪れ，将来の自らの理想教育を心に描いていた。後にデンマークを訪れることになったとき，平林広人から国民高等学校の校長への紹介状を書いてもらった松前は，ついに念願の国民高等学校を目の当たりにし，いよいよ理想教育への意を強くした。

　1933（昭和8）年，逓信省より1年間のドイツ留学を命じられた松前は，ドイツ留学を終えた帰途，デンマークを訪れ，教育事情視察をする許可を上司に得ていた。翌年1

電話事業研究のためドイツに留学中，アスコウ国民高等学校訪問　1934（昭和9）

電話事業研究のためドイツに留学中，レッディング国民高等学校訪問　1934（昭和9）

月，デンマークを訪れた松前は，積極的に数多くの国民高等学校を訪問した。何日も寝食をともにしながら，グルントヴィの説いたデンマーク教育を，約1カ月あまりにわたり，つぶさに見て，そして体験した。そして「これあるかな」とあらためて教育への意志を固くしたのである。　　　　　　　　　　　　［資料5～8　P35～37参照］

4．無装荷ケーブル発明のヒント

　逓信省の工務局に技官として入省した松前は，それまでの通信手段の中心であった電話通信技術（装荷ケーブル通信方式）の改良に取り組んだ。昭和初期の日本における電信電話などの電気通信分野の水準は高いものではなかった。日本は高い特許料を払いながら装荷ケーブル方式を採用していたのである。そこで，独自の通信技術を開発することで，精度の高い通信網の拡大をめざした。

　その開発に関して松前は次のように語っている。

　「装荷ケーブルはなかなかすぐれた着眼だったが，さまざまな欠点があった。たとえば東京で『もしもし』と言っても，大阪からすぐ返事がこない。声が電話線を伝わるのに時間がかかり，東京で発した声が，大阪でしばらく遅れて聞こえるためだ。これでは，双方向同時通話の電話にならない。また装荷ケーブルは音声周波数以上の周波数は絶対に通さないため，二本の電話線は一つの電話にしか用いることができず，高周波を応用して，二本の電話線で双方が十人以上も同時に話せる※搬送式電話は不可能だ。さらに遠距離になればなるほど，※装荷線輪（ローディング・コイル）の数が増えるため，装荷ケーブルはコストが高くつく。私に言わせると，質的にも経済的にも改善すべき点が

搬送式電話　一つの電送路（無線あるいはケーブル）で，同時に数百回線から千数百回線の通信を電送する方式のこと。

装荷線輪（ローディング・コイル）　鉄心に銅線を数百回巻いたコイル。電流の減衰を防ぐのに用いられた。

多々あった。私は日夜考え抜いたあげく、『そうだ、これだ』と一つのヒントを得た。それは装荷線輪をはずせば、当然、電流の減衰が生じて、音声は聞き取りにくくなるが、そのかわりに増幅器を使えば、音声は明瞭になって、減衰の問題は解決するという考え方だ。われながら実にうまいアイデアであった」。

無装荷ケーブル搬送通信方式のケーブル部分

苦心惨憺の末、松前は「無装荷ケーブル通信方式」を開発した。その工夫の基本的な発想は次のことにあると話している。

「私がこんなことを考えついたのは、当時、内村鑑三の無教会思想の影響を強く受けていたことが大きかった。内村先生のキリスト教は、少なくとも儀式や制度とは無縁のもので、飾りなき素朴な自然な姿の中に真の真理があり、形式的な儀式さえ整っていれば救われたかのごとき錯覚に陥る生命のない既成の信仰に対して、本当の意味で血の通った信仰の復活を要求したものであった。飾りのない素朴な自然を基礎に、キリスト教も科学技術思想も展開する。私はいつの間にか、このような考え方を世界観として、宇宙観として、自分の技術の世界を見るようになっていた。飾りのない、素朴な自然のありのままの姿の中に真理があり、麗しさがあるとするならば、それと同じように通信技術の世界でも、ケーブルに装荷線輪を差しはさむような工作は施してならないのであって、むしろ無装荷という自然のままの姿に置き換え、増幅作用によって音声を明瞭化する方向で将来の技術を展開することが、より合理的だという結論に至った。発明や発見は単なる頭の良さや、手先の器用さから生まれるものではなく、その人の思想、人生観、世界観の根底の上に芽生えるものだ。ここが大事なところで、間違えてはいけない」。

松前のいう発想のヒントは内村の思想にあり、そのポイントはシンプルであった。ものの真理は飾りなき素朴な自然な姿の中にあることに思い至った松前は、ケーブルから装荷をはずすという、それまでの常識を覆す画期的な手法を、具体的に実現させるべく実験に取り掛かった。松前をリーダーとする「無装荷ケーブル開発チーム」の開発研究には、上司である※梶井剛工務局長の全面的な支援を受けながら、右腕としての篠原登を始め、省内の若手技官や民間企業の優秀な技師たちが集い、昼夜を分かたぬ実験が進められた。山口県下関と韓国の釜山を結ぶ海底電信線の一部を電線に置き換え、実用化のための実験等を続け、1935（昭和10）年、ついに無装荷ケーブルは実験に成功したのである。この発明により、松前は電気学会から「浅野博士奨学祝金」が贈られ、1937（昭和12）年には母校の東北帝国大学より工学博士の学位を受けた。

梶井　剛

篠原　登

梶井　剛　東京帝国大学（現東京大学）卒業後、逓信省に入省。その後、日本電気会長、日本電信電話公社総裁などを歴任。早くから松前の無装荷ケーブルの開発を支持し推進した。また、その後の松前の教育事業を大いに支援し、旧制東海大学初代学長に就任した。（1887〜1976）

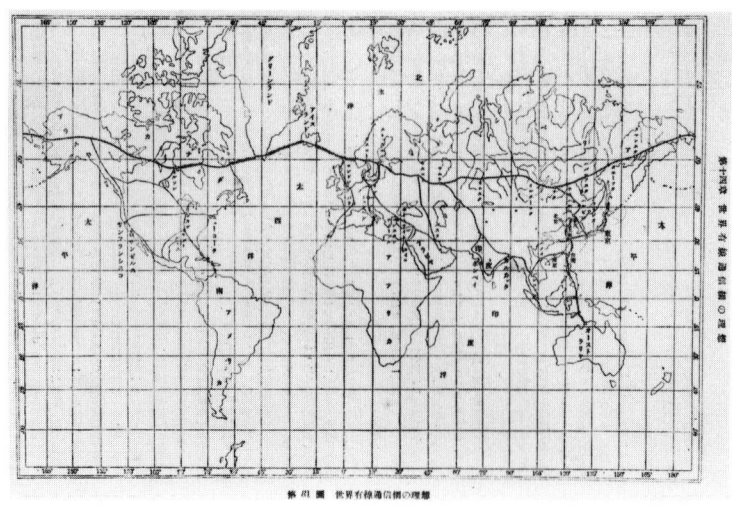

松前が論文に「世界有線通信網の理想」として掲げた構想図　1936（昭和11）

　一時は四面楚歌ともいえるほど開発反対，採用反対の憂き目にあい続けた松前であったが，すぐれた多くの技術者と友情に支えられて自らの信じるところを邁進した。このあと，長きにわたって広く世界中で無装荷ケーブルは使われ，世界の通信技術の基礎を築いた。また，それは世界のコミュニケーション力を飛躍的に高めた。

　現在，さまざまな技術を駆使した新しい通信手段が開発され，世界はますます近くに感じられるようになった。松前がそうであったように，その時々の発明・開発は特許等によって，その権利が守られてきた。その一方，思想なき開発や安易な権利の乱用などは，人類の平和を妨げ混乱をきたす。人類の平和と幸福につながる発明・開発でなくてはならない。

〔資料9～12　P37～39参照〕

5．望星学塾の誕生と東海大学の創設

（1）望星学塾の誕生

　「私の教育者としての原点は，内村鑑三先生が昭和5年に亡くなられる1，2年前に自宅で始めた『教育研究会』にある」と松前は語っている。

　研究会といっても，篠原登，※宗像勝太郎，※大久保真太郎など逓信省の仲間たちや，信子夫人，お手伝いの女性も加わったささやかなものであった。途中で長崎に郵便局電話課長として赴任し一時中断，1930（昭和5）年に本省の工務局技師として東京にもどってから研究会は再開する。月に2回，木曜の夜に聖書研究が行われた。他にも，デンマー

宗像勝太郎　科学者。九州帝国大学（現九州大学）電気工学部卒。逓信省工務局入省後，無装荷ケーブル開発チームの一員として研究に貢献。その後の望星学塾設立・東海大学建学に献身した。（1905～1953）

大久保真太郎　電気技術者。家が近かったことから松前と知り合い，教育研究会のメンバーとなり，その後の望星学塾運営業務を一手に引き受けた。航空科学専門学校・英世学園理事。（1984～1966）

クの教育，グルントヴィの思想，アフリカにおける※シュバイツァーの事業，※ペスタロッチの教育理論，※フィヒテの哲学など，各人が読んだ本の内容を報告し，感想を述べ，討論をする。メンバーの一人であった篠原登は，次のように書いている。

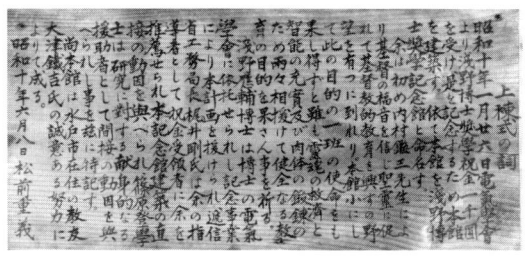
望星学塾本館の上棟式の詞（ことば）　1935（昭和10）

「松前氏が，東京・杉並天沼の自宅で，6畳間の書斎を使って『聖書研究会』を始めたのは，昭和6年のことだった。もちろん聖書の研究もやったが，教育研究会と呼んだ方がふさわしい内容のものだった。この頃すでに松前氏の脳裏には，日本の農村文化育成のために青年教育をやろうという考えが秘められていたようだ。研究会はいかにもささやかだったが，先覚の思想探求への，ほとばしるような情熱が，みなぎっていた」。

望星学塾正門の松前信子夫人（東京都武蔵野市）

　1935（昭和10）年1月，「無装荷ケーブル多重通信方式の研究」によって，電気学会から贈られた浅野博士奨学祝金（のちの浅野賞）1000円と信子夫人の実家から借りた2000円をもとに，東京・武蔵野の一角に250坪（325平方メートル）の土地を借りて，自宅と学舎を建設した。そして，これを「望星学塾」と名付けたのである。

　その後，東京日日新聞・大阪毎日新聞社から通信賞を受け，有志からの寄付なども加えて，学舎の改良や充実を図った。学舎は，体操場・講堂・図書館を兼ねたもので決して大きく広いものではなかったが，塾生の熱気がみなぎっていたという。

　1940（昭和15）年4月，寄宿舎の完成と同時に，初めての寄宿生を募集した。高等専門学校以上の在校生，または高等専門学校に近く入学する者で，キリスト教に反対せず，在学中を通じて在塾する意志のある者5名が入塾した。自宅から通う塾生と合わせた十数名の青年たちは，毎日曜日の午前中に集会を持ち，宗教を中心とした歴史観，あるいは哲学等の講演会や読書会や研究会を行い，毎水曜日の夜には，デンマーク体操を実践して身体を鍛えた。青年たちは，ともに語り，ともに学び，ともに研究を積んで将来の夢を育んでいった。

シュバイツァー　フランスの哲学者・神学者。1913年医者・伝道師としてアフリカへ渡り，黒人の医療・伝道に従事。「原始林の聖者」と呼ばれた。またバッハの研究で知られ，オルガンの演奏家でもある。ノーベル平和賞受賞。(1875～1965)

ペスタロッチ　スイスの教育家。ルソー，カントの影響を受け，孤児教育・民衆教育に生涯を捧げた。人間性の覚醒と天賦の才能の調和的発達を教育の目的とし，近代西欧教育史の上に足跡を残した。(1746～1827)

フィヒテ　ドイツの哲学者。カントの認識論的主観概念を，一切を自己の絶対的自由の活動性から生じる絶対的自我へと拡張し，倫理的色彩の強い観念論の体系を樹立。晩年はキリスト教的神秘主義思想へ傾く。(1762～1814)

望星学塾の庭でデンマーク体操を行う塾生ら
（東京都武蔵野市） 1940（昭和15）

「私は篠原君や大久保君ら同志とともに，集まってきた有為の青年たちと聖書研究だけでなく，世界の歴史や人生いかに生くべきかなどについて，真剣に研鑽を積んだ」と松前は語っている。

松前が塾生に与えた望星学塾の信条は，次の四つであった。

若き日に汝の思想を培え
若き日に汝の体軀を養え
若き日に汝の智能を磨け
若き日に汝の希望を星につなげ

高い目標を持ち，はるかな理想に向かう青年を育てる教育の第一歩がここに始まったのである。

（2）東海大学の創設

1940（昭和15）年9月，日本はドイツ，イタリアと軍事同盟（三国同盟）を締結する。このことで，アメリカ，イギリス，フランスなどの多くの国を敵にまわし，悲劇的な孤立を強いられることになった。1930（昭和5）年から始まった日本の中国大陸への侵攻は，次第に泥沼化していき，国民生活は不安の影を色濃くしていくことになる。

その頃，日本技術協会常務理事であった松前は，近衛内閣の指示を受け国防技術委員会の設立や，全日本科学技術団体連合会の立ち上げに尽力した。近衛内閣の新体制運動に乗じて，立ち遅れている日本の科学技術の振興を一気に機運に乗せようとしたのである。こういう動きの中から，全国の科学技術者の賛同を得て，国防理工科大学の設立を図り，財団法人の申請をし，いよいよ科学技術教育に本格的に乗り出すことになった。

ところが，いざ始めようとすると国から大学としての認可が下りない。大学設立は延期され，専門学校としてスタートを切ることになった。それは，当時の日本の国際間における立場の悪さから，アメリカの在米日本資産の凍結，軍需物資に絡む統制，および戦争準備に伴う経済統制などが次々に出され，資金不足なども追い打ちとなって，大学認可は見送られたのである。

将来的には大学設立をにらんだ航空科学専門学校が，大学用地選定の時からの条件になっていた，「富士を仰ぎ太平洋を望み都塵を避けた建立の地」に見合った静岡・清水の地に，1942（昭和17）年12月8日に設置の認可を受けた。こうして，翌1943（昭和18）年4月8日，東海大学の前身にあたる航空科学専門学校が開校した。物理学科と航空学科の2学科であり，全寮制でのスタートである。松前は，初代校長を熊本高等工業学校時代の恩師である野田清一郎に頼んだ。航空学科の寮は三保の仮校舎の2階であり，物

理学科は徒歩で1時間30分もかかる鉄舟寺である。全国各地から集まった学生たちは，こうして地元に溶け込んでいく。そして，その年の12月8日，待望の駒越校舎が落成し，次第に学校としての体裁が整っていくことになる。3年の修業年が戦時特令により2年半に繰り上げられ，1945（昭和20）年9月1日，第1回の卒業式が執り行われた。その8月，法人は東海学園と改称され，前年に開校していた電波科学専門学校（東京・中野）と合併して東海専門学校となったのである。

時を同じくして，松前は終戦直後の8月末に発足した東久邇内閣の逓信院総裁に就任し，敗戦後に大混乱していた電信・電話等の通信事業の復興に大鉈を振るっていた。東久邇内閣は短命に終わったが，引き続き幣原喜重郎内閣にも留任し，翌年の春に辞任するまで総裁業務は続けられた。その激務の中，誕生間もない東海専門学校を旧制の大学に昇格させる活動も続けられていた。そして，1946（昭和21）年5月1日，正式の認可が下り，最後の旧制大学として，ここに東海大学があらためて誕生したのである。1941（昭和16）年に総合大学の設立を志して以来5年，夢の実現に嬉しくてたまらなかったと，後に松前は語っている。

この時，当時の文部省に出された大学設置認可申請書には，次のような基本理念が明確にうたわれている。

戦時中の三保の松原と富士山

学生が寄宿した鉄舟寺（静岡市清水区）

航空科学専門学校の駒越校舎落成（静岡市清水区）

① 人文科学と自然科学の融合による確固たる歴史観・国家観・世界観を把握せしめる。
② 経文学部・理工学部を設け，相互に各々共通の必須科目を設け，他の科目は各学部を通じ，選択自由ならしめ，文科の学生には自然科学との関連に於いて，人文科学の神髄を把握せしめ，理科の学生には確固たる国家観・世界観を把握し，科学の使命を体得せしめる。

新しく誕生した東海大学の学長には，松前が逓信省技官時代，無装荷ケーブル開発に全面的支援と理解を示した上司で，当時，日本電気の社長であった梶井剛氏が就任した。
いよいよ船出した大学の前途は洋々たるかに見えたが，またしても嵐に見舞われる。学園創立者の松前が1946（昭和21）年9月16日，公職追放されたのである。終戦後，8

旧制東海大学（静岡市清水区）

月中に責任ある公職にあった者は，すべての公の仕事に携わることができなくなった。8月30日に逓信院総裁に就任した松前は，わずか2日間がそれに抵触したために，公職追放の対象になったのである。つまり，松前は誕生間もない東海大学の経営をはじめ一切に関わることができない。公職追放が解除になったのは，1951（昭和26）年10月5日，じつに5年間の追放であった。その間の東海大学は瀕死の状態にあった。解放された松前は，ただちに理事長に就任し，大学の再建に着手した。崩壊寸前の大学を必死に持ちこたえさせ，松前の復帰を待っていた人たちがいた。学生時代の恩師である抜山平一教授や，戦前に興した望星学塾や専門学校，そして無装荷ケーブルの開発で苦楽を共にした篠原登をはじめとする多くの仲間たちであった。

　松前は彼らの友情に泣き，無限の感謝を捧げた。その熱き情に報いるために，多くの仲間の献身的な協力を得ながら，全力を傾注して再建を成し遂げ，その後の東海大学を築いていくことになった。1972（昭和47）年11月1日の建学30周年記念式典で松前はこう述べている。「われわれは今後なお生命の続く限り，全力をあげて，本学の前進のために，そして人類と世界のために，より高き希望の星に向かっての前進を続けなければならないのである」。

　私たち一人ひとりの生きる道は，はたしていかなる道であろうか。これからの毎日の積み重ねが，一人ひとりの人生を彩っていく。どんな毎日を生きるのか。どんな思いで生きるのか。自らの姿勢が問われるところである。それぞれの意義ある人生のために，ひいては社会・人類・世界のために，いま，私たちは何をすべきか。一人ひとりが，しっかりと考えていかなくてはならない。

着工5年目の湘南校舎（神奈川県平塚市）

資料1：これまでの学びとこれからの学び

1．これまでの学び

　日本が近代国家としての教育制度を本格的に整備したのは，1872（明治5）年のことである。教育を国民の義務のひとつとして課し，等しく学校へ行くことを定めた。学校令が出された1886（明治19）年，小学校の4年制を義務としたが，1907（明治40）年には6年制となり，国家としての整備が進むにつれ，就学率も高まり義務化が定着した。しかし，明治維新以前の江戸時代後期には，多くの日本人が，武家の子弟のための藩校・郷学，専門の学者が開いた私塾，庶民対象の寺子屋などのさまざまな教育機関に通い，その数は後の義務教育に匹敵するほどであった。その時代において，世界でも群を抜いた状況であり，それが維新後の義務教育を推進する基盤になったといわれている。

　つまり，「読み・書き・そろばん」といわれたように，文字を読み，文字を書き，計算をすることが，実生活を送る上で欠かせないことを，国民自身が認識していたともいえる。学ぶことの大切さそのものは国民に理解されていたといっていいだろう。しかし，それは限られた知識であり，またそれ以上の知識を得るための手段であった。

　だが，明治維新により長い鎖国の眠りから覚めてみると，欧米では産業革命が進み，科学的な思想のもとに日本とは比較にならないほどの近代的な国づくりが進んでいた。これは当時の日本人にとっては衝撃的な出来事であった。急いで日本も，新しい科学や技術を学んで近代化をさせなければ世界の国々から取り残されてしまう，まずは何としてでも欧米の知識を吸収し遅れを取り戻すことが必要であると，時の指導者たちは考えた。それが義務教育をふくむ学校制度（学制）を生み，近代国家にふさわしい国づくり，人づくりを進めたのである。

　新しい学制のもとでの教育は，欧米先進国の技術や知識を「知る」ことと，それを「覚える」ことに最大のエネルギーが注がれた。先生が教えることや，教科書に書いてあることを正確に記憶し，どれだけ多くのことを覚えたかが「学力」の「ものさし」とされた。こうして学んだ新しい技術や知識を生かして日本は足早に欧米先進国に追いついていった。

　その後，国は「富国強兵」という方針を掲げ，近代国家建設を急ぐ中にあって学校もその例外ではなかった。明治時代の後半から始まった日清戦争・日露戦争から昭和の第二次世界大戦終了まで軍事色一色に染まっていった時代の中で，国家を構成する一員を養成することに教育の主眼が置かれていったのである。

　1945（昭和20）年8月，国土の多くが焼け野原となった敗戦国日本は，また一から再出発をしなければならなかった。それは，それまで軍事教育を中心としてきた日本にとっては，教育を根本から見直すチャンスでもあった。新しい日本国憲法と教育基本法のもと「学制の改革」が行われ，民主主義の中での新しい教育をめざした。しかし，数ある

戦争の敗因の中でも，戦勝国に比べ技術力と生産力が劣っていたからであるという意見が多く，明治の時のように欧米を見習わなくてはならないという風潮が生まれ，教育は再び欧米の技術・知識の吸収に主眼が置かれ，日本人は必死にそれを覚えることを教育の中心に据えることになった。

　この暗記中心の教育を，さらに加速させたのが戦後の「受験競争」だった。経済優先の社会の中で，経済の復興に伴い，高校進学率，大学進学率とも急速に上昇していく。少しでも良い学校や職場に入り，将来は経済的に豊かな生活を送りたいと多くの日本人が考えるようになり，難関大学への「狭き門」を突破するための，高校や予備校などが生まれ，それに従い，有名中学校・小学校・幼稚園等ができて，盛んにそれらへの入学が煽られ，受験競争が過熱していった。その合否の基準の多くは「知識の量」や「知識の正確さ」となり，それを客観的に数量化するための「偏差値」が使われ絶対的な判断基準となった。入学試験に合格するために偏差値を上げなくてはならない，そのためにしっかり頭に詰め込んで暗記することが求められた。

　人間の学力や能力は，本来多様なものであり，記憶力や暗記力だけで，はかるべきものではないことは自明のことであるが，日本の学校教育ではそれが長く能力判定の基準となってしまった。資本主義社会の基盤としての「競争原理」が，教育界にも君臨したことになる。こうして，最も大切な「知識の内容」や「学びの質」は切り捨てられていき，人間が本来持っている知的好奇心や学びの喜びは失われ，多くの人々は「学びは苦痛なもの」とあきらめ，苦手に感じている。

　このような暗記力や記憶力を重視しがちな日本の教育に対して，近年になって疑問を抱き，反省を求める声が高まった。欧米先進諸国の知識や技術を覚え，それらの国々で発明・発見・開発された科学や技術を模倣・応用・改良して優れた工業製品を作り，それらを輸出することで1960年代から1970年代にかけて世界第二位の経済国にまで躍進した日本。しかし，よく考えてみると，それらの優れた工業製品の多くは，日本人が独創的に作ったものは少なかった。「他の国の知的財産物をコピーしたり改良したりするだけで，金儲けをしているエコノミック・アニマル」などと諸外国から酷評されるような時代もあった。

　いま，日本は誰のまねでもない，新しく独自なものを創造し，道のないところに新しい道をつけられるような人材の育成を迫られている。与えられたものを覚えるだけの受け身の教育からは，そのような創造的な人間は育たないからである。

　「鎖国」による近代化の遅れ，それを取り戻そうした無理な政策や軍事優先政策，敗戦による痛手，戦後の経済最優先社会，いきすぎた学歴尊重など，さまざまな要因が日本人の学びを「記憶力偏重」に傾斜させ，過重な競争につきものの「数量化」「序列化」の風潮の中で，学びが本来持っている喜びの相当部分が切り捨てられてきたというのが明治以来の流れであった。

　その時々の時代にあらわれる社会風潮や世論などによって，方針や政策が翻弄される

状況があると，今後も時代に流されかねない。混迷を極める現代文明にあって「これからの学びはいかにあるべきか」を真剣に考えていくことは，われわれ現代の日本人に課せられた課題である。

2．これからの学び

　紆余曲折の変遷をたどってきた近代日本における学びは，何度も曲がり角を経験してきたが，これからは，そのさまざまな経験を明日につなぐことができるように生かしていかなければならない。どのような学びをめざしていくべきかを考えていく中で，少なくとも数々の弊害を生み出した「記憶力重視」の傾向をあらため，創造的教育を中心に据える方向になりつつある。

　「20世紀型の学び」から「21世紀型の学び」へ移行していくとき，その柱となるのは「知識伝達型の学び」から「知識創造型の学び」へ変わっていくということだろう。決まった知識をそのまま覚えて，機械的に次の世代に伝えるのではなく，その知識の意味するところを吟味・検討しながら，固定観念にとらわれずに，創造していくという過程が重視されなければならない。つまり，画一的な内容を画一的に学ぶことが学ぶ目的ではなく，それは真に学ぶためのひとつの手法であり，通過点にすぎないということである。一面的な視点で人の能力を判定するのではなく，多面的な視点で人を見ていくことで，未知の可能性にも光が当てられるのである。

　それが意欲につながるような学びでありたい。単に学習結果だけで学力がついたと捉えるのではなく，学ぶ者が将来にわたって，「自ら課題をみつけ，考えて判断する力」をしっかりと身につけることこそ，今後に期待される基礎学力となるだろう。それだけに，学ぶ過程における主体的で創造的な取り組みは欠かせないものであり，「21世紀型の学び」の中心をなすものと考えられている。つまり，それは将来に向けて必要な人材を育成することにつながるものであり，グローバルな時代に活躍できる人材を期待してのことなのである。

　学びのきっかけとして授業を受けたり，講演を聞いたりすることは有用だが，学ぶ主体はあくまでも自分であり，授業や説明等を聞いて，自分の興味の方向を見出したら，あとは自分でしっかり学んだほうが断然おもしろい。特に，自分の意志で学んだことは，その人の人生を実り多いものにする。学びをこれまでの「知識の集合体」から，「知恵の集合体」にしていくことで，豊かで有意義な人生がデザインされる。それは自ら学ぶ姿勢によってはじめて獲得できるものである。

資料2：学校制度の変遷

学校制度の始まり（明治6年）

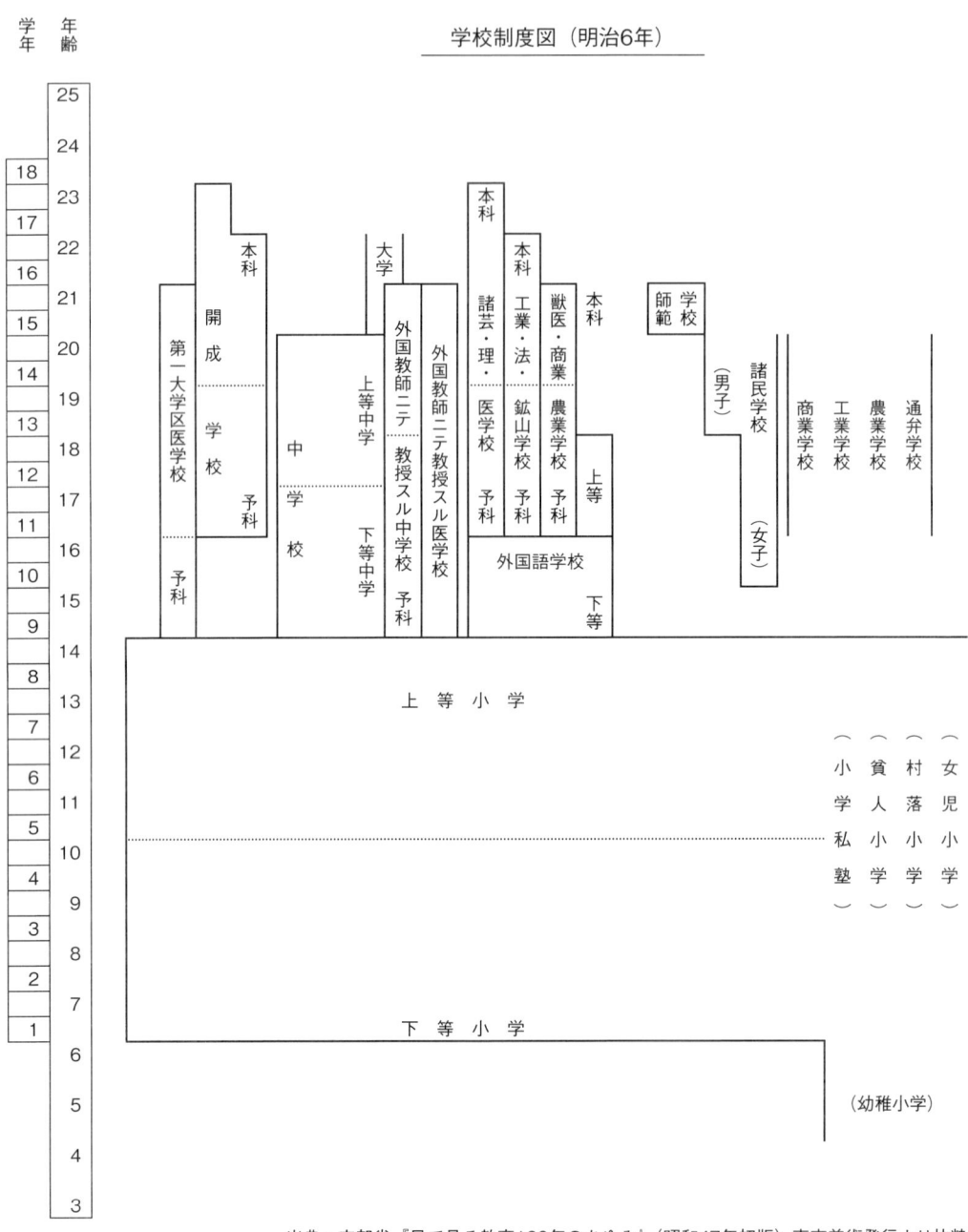

出典：文部省『目で見る教育100年のあゆみ』（昭和47年初版）東京美術発行より抜粋

学校制度の変遷（大正8年）

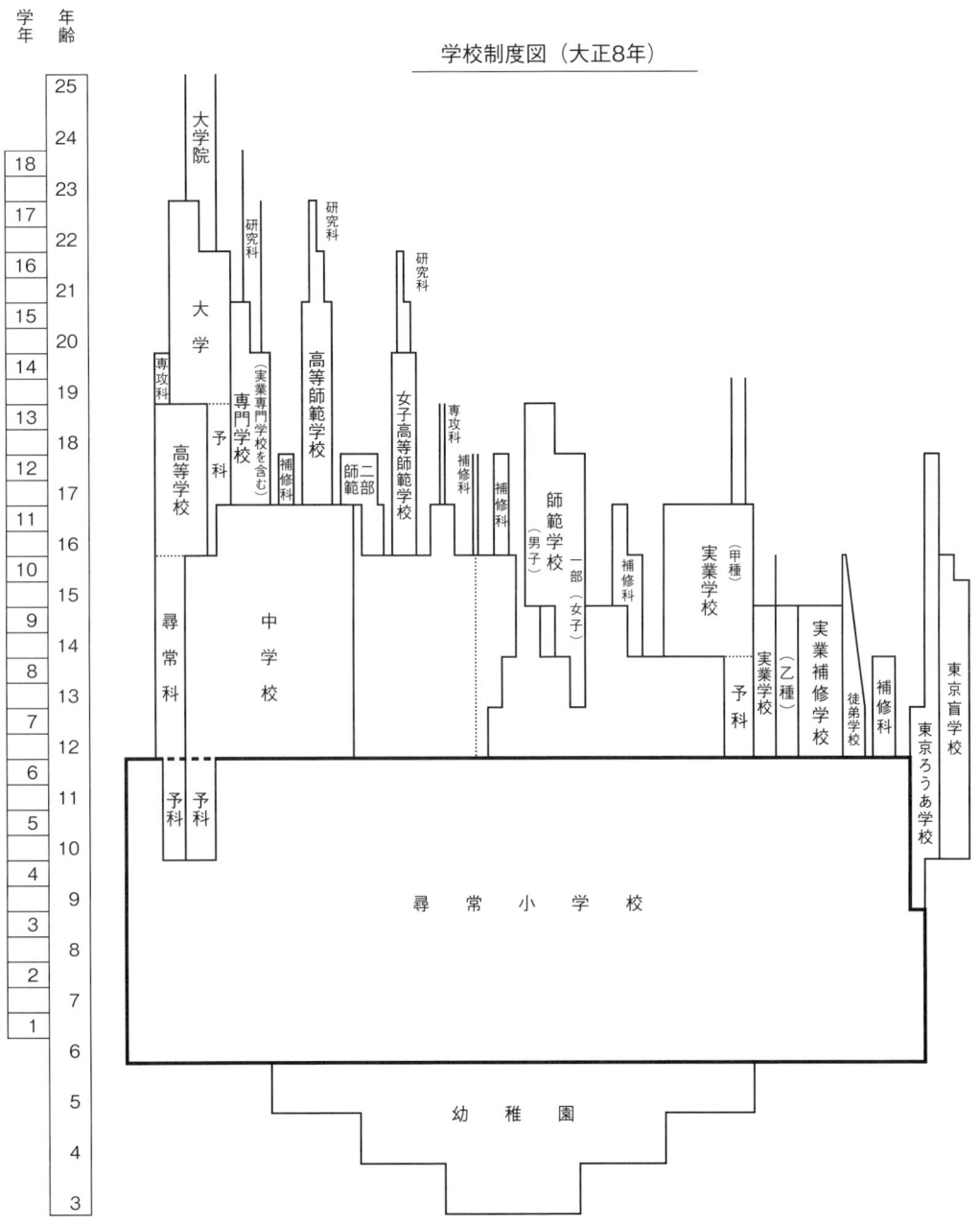

出典：文部省『目で見る教育100年のあゆみ』（昭和47年初版）東京美術発行より抜粋

学校制度の変遷（昭和19年）

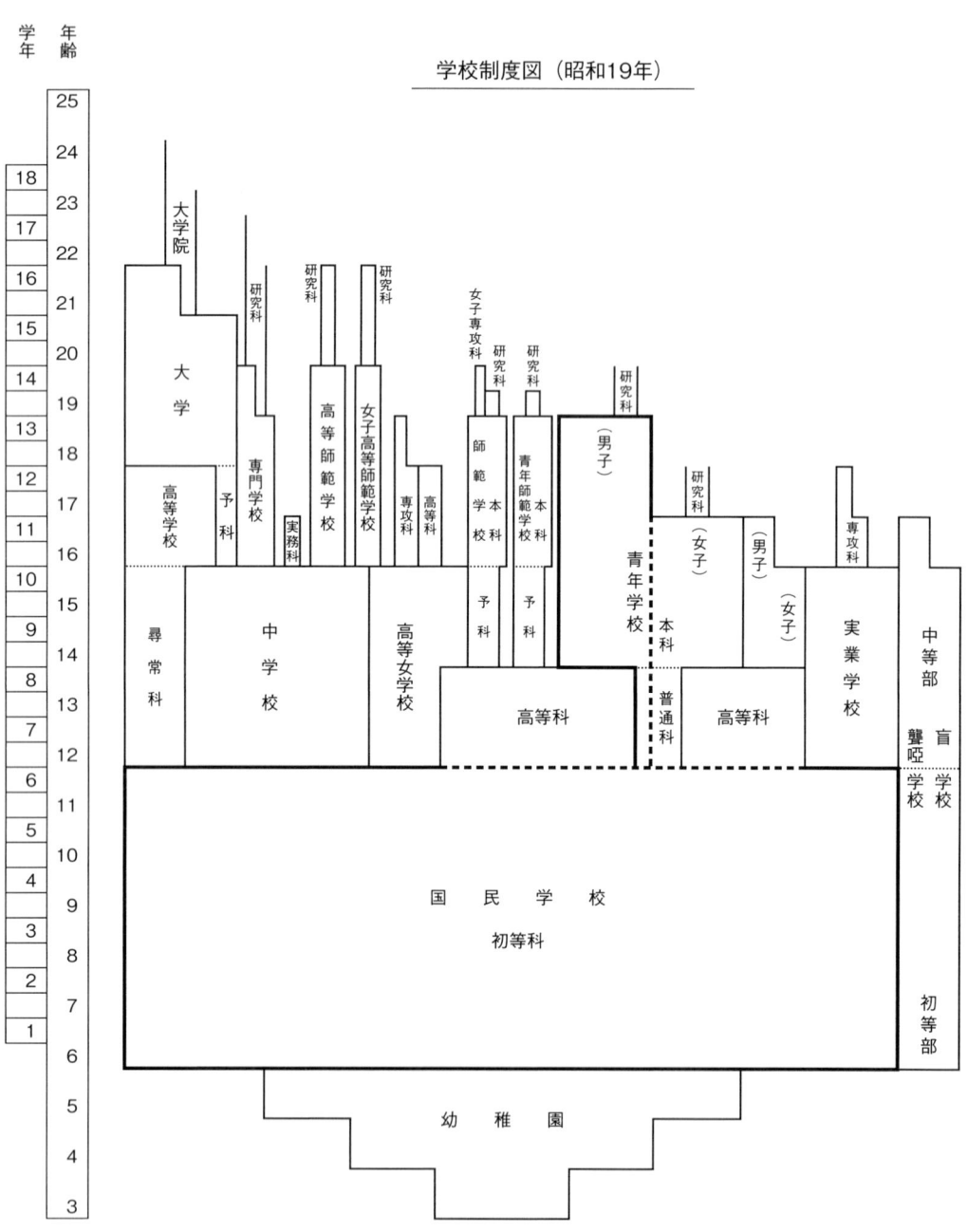

出典：文部省『目で見る教育100年のあゆみ』（昭和47年初版）東京美術発行より抜粋

学校制度の変遷（昭和23年）

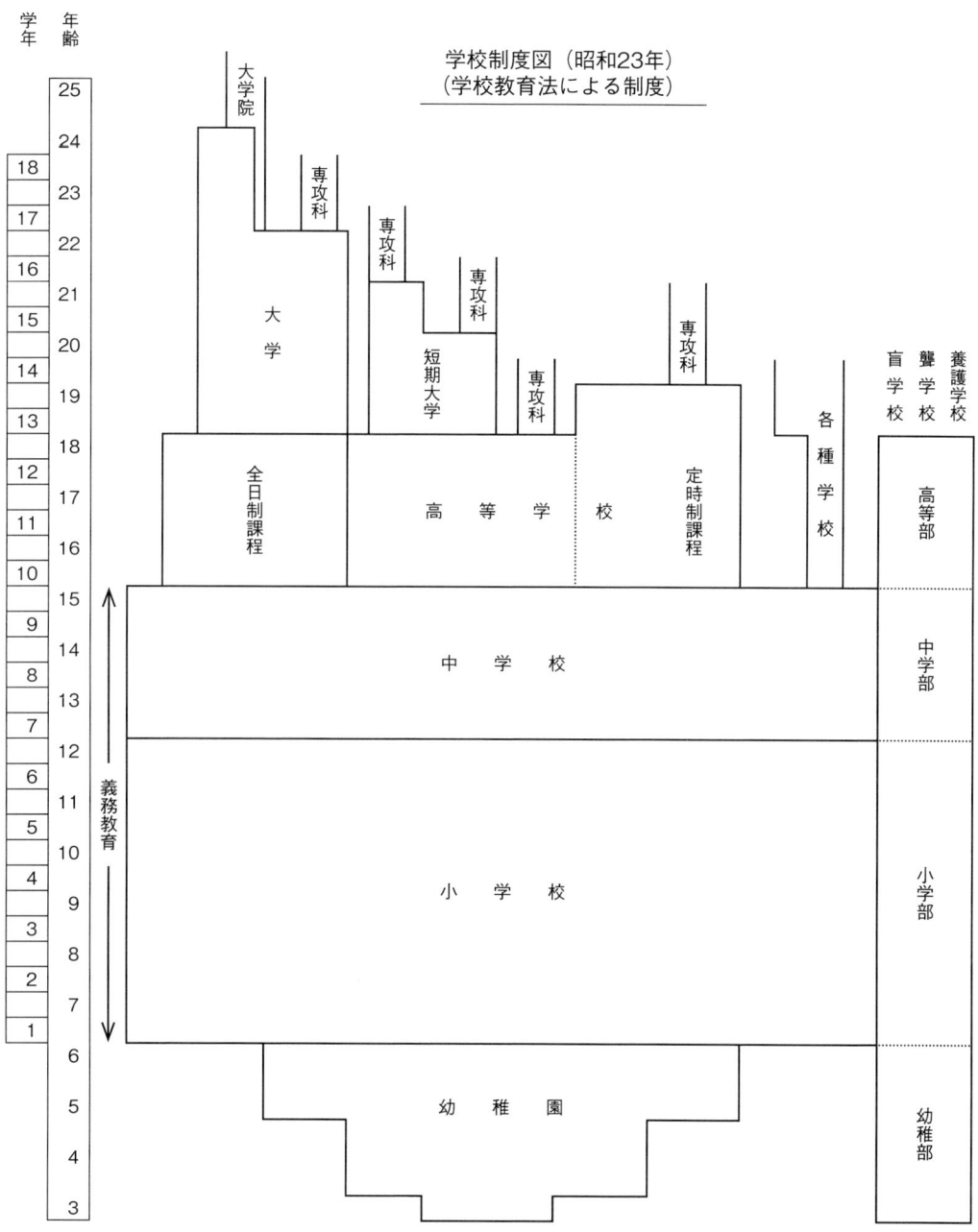

出典：文部省『目で見る教育100年のあゆみ』（昭和47年初版）東京美術発行より抜粋

資料３：本田伝喜……慈愛と崇高なる信仰の生涯

　本田伝喜は1887（明治20）年５月，熊本県上益城郡益城町字馬水に生まれた。地元の広安尋常小学校卒業後，熊本県立熊本中学校に進学。中学１年終了後，陸軍幼年学校を受験。合格して入学した。ところが突然の大病に冒され３年途中で退学した。長引く病床にあって本田の人生観は変化する。「人生いかにあるべきか」と死に直面して深い悩みにおちた。本田は，後に九州学院を創設するブラウン牧師の洗礼を受け，キリスト教徒となった。

　健康を取り戻した本田は松前の姉であるヤスと結婚。その後，二人は話し合いキリスト教に生きることを決意した。熊本にできた九州学院神学部に入学。1915（大正４）年６月に第一回生として卒業し，直ちに日本福音ルーテル熊本教会の牧師に就任したのである。

　1921（大正10）年４月，同じ派の東京教会牧師として上京し，やがて自ら教会を創設して東京・西大久保に牧師館を建て，伝道を開始した。その活動は早くから地元の数多くの子どもや女子大学生等を集め，日曜礼拝は特に活気を呈した。以来，46年余の長きにわたって司牧は続き，日本福音ルーテル教会の基礎を築いた。

　1923（大正12）年９月１日，関東大震災が起こった。死者９万２千人，行方不明者４万３千人，瓦礫と化した東京にあって，関東大震災救護委員に任命され，その救済に奔走した。この年の12月，本田は東京老人ホームを創設。老人ホームという名称は日本で本田が初めて用いたと言われている。その後，母子ホームや保育所も創設し，多くの被災者の救済を続けた。海外視察を経て1930（昭和５）年９月，恵泉幼稚園を創設し，38年間にわたって園長をつとめた。やがて次第に軍靴が高鳴る中，当時の朝鮮・満州・北支等への伝道開拓のために旅立つ。しかし，軍部や官僚からの圧力が強まっていく。1945（昭和20）年３月，東京大空襲が始まる。４月13日未明の爆撃で教会の半分が焼け崩れた。８月15日終戦。焼け残った建物にトタンを乗せて，その中で日曜礼拝を行い，信者の家庭訪問を続けていった。

　戦後の本田の活動は活発で，東京教会のほか，九州学院理事，日本ルーテル神学専門学校理事，日本ルーテル神学大学理事長としてキリスト教を基盤とした教育事業に貢献した。

　本田は信者の家庭訪問の途中，発作を起こし倒れた。本田は義弟の松前が見守る中，1967（昭和42）年７月28日に息を引き取った。生前から幼児教育の重要性を聞かされていた松前は，1973（昭和48）年４月，神奈川県伊勢原市に東海大学付属本田記念幼稚園を開園して本田の思いに応えた。本田の慈愛と信仰に満ちた生涯は，いまにその思いをつないでいる。

資料4：内村鑑三……その勇ましい高尚(こうしょう)なる生涯

　内村鑑三は1861（文久元）年，高崎藩士の長男として生まれ，1930（昭和5）年，東京で亡くなっている。1877（明治10）年9月，16歳の時に北海道に渡り，宮部金吾(みやべきんご)，太(おお)田(た)（新渡戸(にとべ)）稲造(いなぞう)などと札幌農学校（現：北海道大学）の二期生として入学した。札幌農学校一期生に大きな影響を与えたクラーク博士は，内村鑑三を含む二期生が札幌に到着する直前の，9月にアメリカに帰国している。札幌の町から20キロほど離れた島松の駅遁(えきてい)まで見送りに来た学生たちと別れるとき，クラーク博士は馬上から"Boys be ambitious!"と学生たちを激励した。「少年よ大志を抱け」と訳され，その後の日本の青年たちに呼び掛ける名文句となった。その精神は札幌農学校の一期生のみならず，二期生以降の学生にも引き継がれていった。

　1894（明治27）年7月，内村は若いキリスト教徒に向かって話した。その講演をもとにまとめた『後世への最大遺物』という著書から内村の言葉を要約すると次のようになる。

　「私に50年の命をくれたこの美しい地球，この美しい国，この楽しい社会，このわれわれを育ててくれた山や川，これらに私が何も残さずに死んでしまいたくないとの希望が起こってくる。私の名誉を残したいというのではない。ただ私がどれほどこの地球を愛し，どれだけ私の同胞を思ったかという『記念物』をこの世に置いていきたいのです」

　「事業家にもなれず，金をためることもできず，本を書くこともできず，ものを教えることもできない。そうすれば私は無用の人間として消えてしまわなければならないのか。けれども私はそれよりもっと大きい，誰にも遺すことのできる最大遺物があると思う。それならば最大遺物とは何であるか。人間が後世に遺すことができる，誰にも遺すことができる遺物で，利益ばかりあって害のない遺物があります。それは『勇ましい高尚なる生涯』であると思います」

　「われわれに後世に遺すものは何もなくても，われわれに後世の人にこれぞといって覚えられるものは何もなくても，あの人はこの世の中に生きている間は真面目な生涯を送った人であると言われるだけのことを，後世の人に遺したいと思います」

資料5：デンマークの復興

　デンマークの復興運動のひとつに，軍人ダルガスの提唱した国民運動がある。「外で失ったところを内で取り戻そう」という，国内未開拓荒地の開発運動であった。ダルガスの運動とともにデンマークの農業は急速に力を取り戻していった。この状況を支えたのが，グルントヴィの提唱で始まった国民高等学校の運動である。この運動は，19世紀末には全北欧に国民高等学校が建てられるほど広がりをみせた。グルントヴィの教育とダルガスの事業は，19世紀後半の農業経営を大転換する契機になった。すなわち酪農と

畜産を主体とする多角的農業経営への転換である。世界トップクラスの酪農国へのスタートが、ここにあったのである。人工肥料や遠心分離器の発明、協同組合の誕生などで拍車がかかった。さらには造船業・海運業や鉄道も発達をとげていく。戦争敗戦国として再出発のために立ち上がった、その源流はグルントヴィの国民高等学校設立提唱とダルガスの国民運動であり、それが今日の小国ながらも安定した繁栄と豊かさをもたらしたといえる。

資料6：国民高等学校

デンマークにある他の教育機関とは異なる民衆のための自由な学校であり、デンマーク語でフォルケホイスコーレという。

国民高等学校は18歳以上であれば誰でも入学することができ、過去の経歴を問われることはない。試験を否定し、全寮制で教師と生徒が共同生活を送りながら学ぶ、カリキュラムが自由な私学である。

特に国民高等学校設立間もない頃のデンマークは、戦争によって国土が大きく削られ、国民は疲弊し、焦悴していた。この国を立て直すためにわれわれは、どうしたら豊かで平和な国をつくることができるか。国民高等学校に集まった若者は議論を尽くし、学びを続けた。さらに身分や貧富の差を超えて、ともに手を携えて農地を耕す。それがやがて平和な社会の建設に役立つと信じた若者が、広くデンマーク全土に、新しい力を尽くしていくことになる。

現在、70校前後の学校が存在し、デンマークの明日を支えている。

資料7：ニコライ・グルントヴィ（1783〜1872）

ニコライ・グルントヴィは、デンマークの古い貴族の家庭に生まれ、9歳までは家庭教師について学び、その後、当時の習慣通り、近郊の牧師の家に寄宿して、6年間を過ごした。そこは陰鬱な荒地であり、多感な年頃のグルントヴィは、そこで単調な暮らしを営む人々の味気ない生涯を見た。将来、民衆のために奉仕しようとの衝動は、この時期に芽生えたといわれる。1800年、コペンハーゲン大学に入学した彼は、ステッペン博士と出会い、哲学・歴史・文学などの新思想に導かれた。それは、グルントヴィ自身の全生活を変化させるきっかけとなり、国民高等学校を通じて、デンマーク国民の精神や感情に影響を与え、その影響はスウェーデンやノルウェーなどにも及んだ。

彼は、神学研究の課程を修了すると宗教界に身を投じたが、旧弊とした体質で、なおかつ形骸化した祖国の教会と衝突した。しだいに改革の要求は勢いを増し、教会の正常化はなったのである。彼はイギリスに数回の旅行を試み、見聞を広めた。イギリスの精励や躍動に比べ、デンマークの怠惰と卑屈を自覚した時、自分のなすべき仕事を見出し

たのである。しかし，単に書物だけでは人間を発奮させ，身を起こさせることはできない。北欧の精神をデンマーク人民に呼び起こすには学校教育のほかはないと考えた。彼は，国民高等学校の創立にあたり，高い理想と原則を示し，クリステン・コールを始めとする信頼する人々にその運営を委ねた。国は，相次ぐ戦争で領土を奪われ，人民は疲弊し，希望を失っていった。ここに国民高等学校を中心とした青年教育と農業改革によって祖国の再興がはかられ，全国に100を超える国民高等学校が誕生し，その後のめざましい隆盛の原動力となっていった。それは今日なおデンマーク国民の支柱として受け継がれ，しっかりと根付いているのである。

資料8：エンリコ・ダルガス（1828〜1894）

エンリコ・ダルガスは，工兵士官であったが，敗戦後の祖国再興のため，荒地であったユトランド地方を植林によって肥沃な土地に生まれ変わらせようとした。外で失ったものを，内で取り戻そうとしたのである。

彼は軍人であったが，同時に土木学者であり，地質学者であり，植物学者でもあった。そこで理想実現のため，水と樹を復興の要に据えたのである。しかし，砂漠化した荒涼たる土地に植林することは容易ならざることである。ダルガスは長男のフレデリックとともに親子二代にわたって苦心の末に植林事業を成功させ，砂漠化していたユトランド地方を緑林の地としていった。これにより木材の生産はもとより，農地からの収穫，海岸の砂塵防止，洪水防止など，いくつもの恩恵を国民にもたらした。戦争によって失ったものを，自らの国土の改造によって取り戻していくことになった。

資料9：篠原　登……苦難をともに乗り越えて

1904（明治37）年，篠原は静岡に生まれた。父は判事から弁護士となったクリスチャンであり，篠原もこの父の影響で洗礼を受けた。1929（昭和4）年，東京帝国大学工学部電気学科を卒業し逓信省に入省した。翌年，上司から松前が進めていた無装荷ケーブルの研究・実験への協力をすすめられ，これに参加したことから，その後の篠原の人生は大きく運命づけられていった。開発に携わった多くの技術者の中でも，篠原は松前の右腕として松前を支えた。篠原はその頃のようすを次のように語っている。

「（略）しばしば徹夜をして，真っ黒になって実験をしたこともある。手がすいているときなどは，松前さんがやってくると，私共がその周りに集まって，討論会のようなものがはじまる。技術上の話かと思うと，そうではなくて，教育の話，宗教の話，哲学の話などに，それからそれへと花が咲いて尽きるところを知らない。人生観，歴史観などにふれ，おたがいにいいたいことを語り合う，何ともいえないなごやかな討論会風景が，そこに現われ，若い私共の眼は輝いてきたのである」

若き技術者たちの情熱と友情が伝わってくる。

　篠原は，松前の同志・盟友として，無装荷ケーブルの開発以来，望星学塾・学園創設から発展期まで，松前を支え学園の先頭に立って多くの苦難を克服し大いに貢献した。1957（昭和32）年には，初代の科学技術庁事務次官に就任した。その後，副理事長・学長等を歴任し，今日の学園の礎を築いた。

資料10：浅野博士奨学祝金

　電気工学者にして長距離通信受信機の発明をし，初代の電務局電気試験所所長であった浅野應輔博士の業績を記念して電気学会が創設した，電気工学に顕著な功労があった者に贈られる奨学祝金。なお，松前と共同で開発に従事した篠原登にも 1944（昭和 19）年に贈呈されている。

資料11：浅野博士奨学祝金贈呈式での松前よりの謝辞

　ご挨拶を申し上げます。今回不肖私の名におきまして，只今会長よりいろいろのご賛辞を戴き，浅野先生の奨学祝金を頂戴いたすことになりましたことは誠に一身上の光栄と存じ有難くお受け申し上げたいと思います。実はこの事につきまして私自身は誠に慚愧に堪えないのでございます。この問題を解決いたしますのにつきましては，つとに私一個人ばかりではございませんで，私どものおります逓信省，ことに技術官庁でございまするから，その逓信省の上司の方々，ことに現・梶井工務局長その他多くの方々のご指導・ご奨励に依りますと同時に，私と常に行動を共にいたし，常に共に研究をいたしておりました篠原登君をはじめ，多くの方々のご援助によりまして，この事が出来上がりましたことをここに申し述べさせて戴きたいと思います。そういう意味におきまして，私はこれらの多くの研究者の一人といたしまして，それを代表いたしましてここに頂戴いたした次第でございます。お受けいたしました資金は出来るだけ意義のある方向に，国家のために少しでも意義のある方向に用いさせて戴きたいと存じております。なお，この有線電話，もしくは電信・電話の技術は多くの進歩をなすべき将来と，多くの問題を持っております。そうしてこれらに関しましては多くの会社の方々や，多くの製造業者の方々のご援助によらなければ出来ないのでございます。どうか今後ともよろしくご鞭撻を戴きまして，これらの問題の解決に対して，より以上の努力を払いたいと存じております。どうかよろしくご指導，ご鞭撻を賜らんことをお願い申し上げます。

資料12：無装荷ケーブル説明図

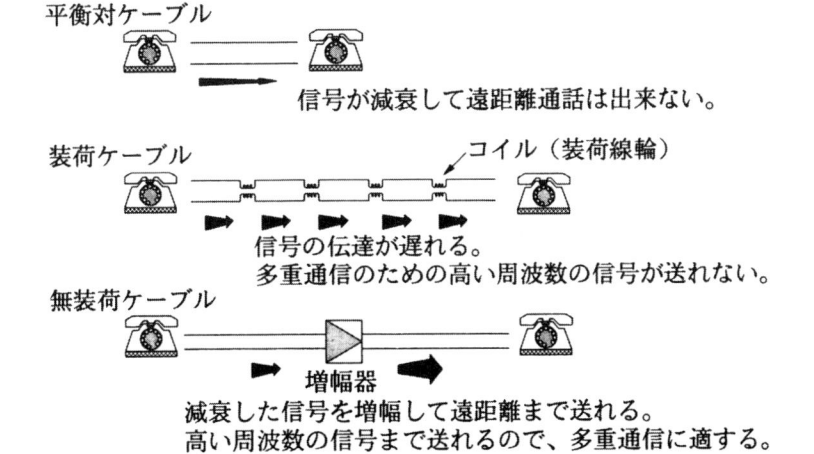

平衡対ケーブル
信号が減衰して遠距離通話は出来ない。

装荷ケーブル　　コイル（装荷線輪）
信号の伝達が遅れる。
多重通信のための高い周波数の信号が送れない。

無装荷ケーブル　　増幅器
減衰した信号を増幅して遠距離まで送れる。
高い周波数の信号まで送れるので、多重通信に適する。

西澤潤一（元東北大学学長）「独創の系譜」NHK人間大学より引用

第3章
現代文明の諸問題を考える

1. 国際……………………………………42
2. 平和……………………………………43
3. 人権……………………………………44
4. 福祉……………………………………45
5. 環境……………………………………46
6. 科学……………………………………47
7. 情報……………………………………48
8. 生命……………………………………49
9. 知的財産………………………………50
10. スポーツ………………………………51

1．国　際

　世界は相互に依存し合いながら発展してきた。現在では，「エネルギー」，「食糧」，「経済」，「環境」のような問題の多くは，もはや一国だけで解決することが不可能になっている。21世紀を生きる私たちは，自国の利害にだけとらわれるのではなく，国家の枠組みを超えた「地球市民」として，広い視野に立った国際協力を推進していかなければならない。

　国際協力の推進には，まず，異文化理解が不可欠である。世界には歴史・風土などを背景とした生活習慣や価値観を含むさまざまな文化がある。私たちが常識と思っていることが世界の常識にならないことも多い。異文化に接した時に，その相違点を「違い」として排斥するのではなく，「違い」を認識し，受け入れることが必要である。

課　題

1．右の詩（金子みすゞ）を読んだ上で，友人と互いの生活習慣を話し合って，価値観の相違点や類似点を確認し合い，何が異文化理解と通じる点かを考える。

2．自国の文化（芸術・文学・社会制度・生活習慣など）について調べた上で，身近にいる外国人や海外滞在経験者を招いて話を聞き，調べたこととの相違点と類似点を見つける。

3．国際協力活動（ODAやNGO，その他）の実態を調べて，問題になっている点を考え，その解決方法を探る。

4．真の国際人，あるいは地球市民とはどういう人のことをいうのだろうか。グループで箇条書きにしてから，他のグループと話し合い，さらに考えを深める。

5．「地球はひとつ」という立場からグローバリズムを推進することによって起こる功罪について議論し，世界が今後とるべき方向について考察する。

6．自分でできる国際協力には，どんなことがあるか具体的に考える。

わたしと小鳥とすずと

　　　　　金子　みすゞ

わたしが両手をひろげても，
お空はちっともとべないが，
とべる小鳥はわたしのように，
地面（じべた）をはやくは走れない。
わたしがからだをゆすっても，
きれいな音はでないけど，
あの鳴るすずはわたしのように
たくさんなうたは知らないよ。
すずと，小鳥と，それからわたし，
みんなちがって，みんないい。

『わたしと小鳥とすずと』
（JULA出版局）

2. 平 和

　2021年現在，世界の人口が78億人を超え，人やモノ（物資）の移動が増加し続ける中，日本の周辺では，北朝鮮の核・ミサイル問題や拉致問題，中国の海洋侵出，中国・韓国との歴史認識問題等々，多くの困難な問題を抱えている。

　国際平和の実現には，国家間の相互の主権の尊重と協力，また各国民の相互理解と協力が大切であることを認識する必要がある。これらは，国際情勢の変化への対応と経済問題等も複雑に絡み，単純な強弱や善悪では解決できない困難な問題であることへの理解を深める。その際，日本国憲法についても理解し，わが国の安全や防衛についての考えや，平和を確立するための熱意と態度を持ち，選挙権を有する国民としての参画意識を持たなければならない。

　創立者が目指した「世界の平和に貢献する」という高い意識を持ち，グローバルな視点と国際感覚を身につけなければならない。高校在学中に選挙権を有することになり，政治や社会に関心をもつ姿勢が求められる。

課　題

1. 「平和」に対するイメージがどのようなものなのか，地域紛争や国際機関のニュースに触れ，身の回りに溢れるさまざまな情報の真偽を見極める姿勢や態度を養う。

2. 「平和」を「戦争やテロのない状態」と考えた場合，なぜ戦争やテロなどの国際紛争がいまだになくならないのか，その理由について考える。

3. 「国家間の相互の主権の尊重と協力，また各国民の相互理解と協力が大切である」とあるが，具体的にはどうすることが尊重であり協力であるか書き出してみる。

4. 地球の一員として世界平和全体に関わる事柄と自分がどのようにつながっているかを話し合う。

5. 平和活動の一つとしてスポーツ交流・文化交流・農業研修・語学研修など多くが考えられるが，なぜそれが平和活動の一つと言えるのか考える。

6. 「国際連合」，「平和憲章」，「平和維持活動」などについて調べ，人々が世界平和をどのようにして目指しているか考える。

7. 「平和」の状態は，どのようにすれば実現するだろうか。その方法と予想される障害についてまとめる。

3. 人 権

　地球上に人類が現れ，社会生活を営むようになって以来，人権に関わるさまざまな問題が発生してきた。いかなる体制をとる国であっても人権問題が皆無の国はない。

　人権とは「すべての人間が生まれながらにして持っている権利」と定義されている。

　時代を追って複雑化する社会のしくみと人間関係により，無数の人権問題が生まれている。一方で，グローバル化する中で，多様な文化，伝統，宗教を背景とする多様な価値観を有する人々が共存する社会では，人権は無制限に行使できるものではなく，当然に他者の人権に対する配慮も必要である。「公共の福祉」という考えについて理解し，バランスのとれた感覚を身につけ，どうすれば人々が互いの人権を尊重し，差別・虐待（ぎゃくたい）・権利の侵害等につながる諸問題をなくしていくことができるのか。

　自分の身の回りにあるさまざまな問題に目を向け，単に法に触れるかどうかや，損か得かの問題にとどまらず，人としていかにあるべきかを模索（もさく）して，私たちは何をしなくてはならないかを考える。

課　題

1. 人権問題のひとつとして，差別用語や放送禁止用語があるが，それはなぜ生まれ，どうして禁止されるのか，みんなで話し合って考える。

2. 人権問題には性別（LGBTQ）・人種・子供・老人・障害者・同和地区・エイズ・ハンセン病など数多くの問題があるが，それぞれの内容のどの部分が人権問題であり，どのように取り扱われたのかを調べ，解決策とあるべき姿を考える。

3. 「世界人権宣言」の理念について考え，また，その考えが取り入れられている条約には，どのようなものがあるか調べて問題点をあげて考える。

4. 「基本的人権」は憲法で保障される一方で，社会状況の変化により見直しも考えられている。具体的な事例をあげ，自由や権利を，どう保障すべきか考える。

5. 知る権利を掲げるマスメディアと，個人のプライバシーの保護との関連について考え，どうあることが望ましいといえるのか考える。

6. 「公共の福祉」が適用されるのはどのような場合であるか。社会生活の中において考えられる事柄や場面をあげ，そのプラス面とマイナス面の両方から問題点を考える。

4. 福　祉

　日本は，世界で類を見ない速度で高齢化が進み，少子高齢社会に突入した。そのような中で，高齢者に対する「福祉」は，さし迫った大きな課題となり，他人事ではなく自分の問題としてとらえなければならなくなった。私たちの「福祉」に対する意識は，少しずつ高まりつつあるが，課題も多い。

　近年では，高齢者や障害者も健常者とともに普通に暮らし，ともに生き抜くような社会こそノーマルであるという考え方が生まれてきた。そのような社会を実現するためには，国・地方公共団体の安定した財政基盤がなければならず，すべての国民が政治に関心を持つことが重要になってくる。さらに，高齢者や障害者が生きがいを感じながら安心して生活できる場を増やすことも求められている。

　「福祉」は，これからの日本が，豊かで活力のある社会になるための大きなテーマである。

課　題

1．どのような人を社会的弱者と呼んでいるか。また，その人たちが抱える問題をあげ，国や地方公共団体は，具体的にどのような保障を行っているかを調べる。

2．年齢別人口割合の推移を調べ，将来の年齢別人口から，どのような問題が起きるのかをあげ，その解決法についても話し合って考える。

3．社会保障関係費の推移を調べ，今後，少子高齢社会が進んでいく中で，どのように財源を確保していけばよいか議論する。

4．年金制度を調べ，多くの人が納得する年金制度はどのようなものか，税負担のあり方も含めて議論する。

5．介護保険制度の問題点をあげ，これからの高齢者介護のあり方について話し合ってみる。

6．障害者や高齢者が，生きがいを持ちながら，健常者とともに普通に暮らせる社会を実現するためにはどのような取り組みが必要か，国が制定する法律の面と人々の意識の面から考えてみる。

5. 環　境

　科学技術の進歩により，宇宙開発から海洋開発まで，人類の活動範囲は広がり，自然環境とのかかわり方も大きく変わってきた。エネルギーや鉱物資源の大量生産・大量消費が続く中，21世紀の今，人類が地球にかけている負荷は限界に近い。ものによってはもう限界に来ているものもあるかもしれない。私たちが安全かつ安心して生きていくためにも，地球環境への負荷を軽減し，危機に瀕している地球環境を改善の方向にシフトさせなければならない。個人，国，世界そして未来の観点から，地球環境の在り方を考えてみよう。

　私たちの生活に欠かせないエネルギー問題については，創立者が推進した原子力発電が，日本の高度成長に大きく貢献してきたことと，半世紀を経て東日本大震災で被災した際の被害の大きさや復旧の困難さを考え，これからのエネルギー政策や今後の原子力の在り方について考えてみる。自然に対する感謝と畏怖をどのようにとらえ，人と社会と自然が共存できる新しい文明社会をつくるとは，どういうことかを考える。

課　題

1．科学技術の進歩は，一方で自然環境に対する理解を深めることにおいても大きな役割を果たしている。地球温暖化，森林破壊，砂漠化など，国境を越えたグローバルな視点に立って，環境を考える。

2．エネルギー資源が乏しい日本において，原子力発電は必要か否か。その理由を考える。地球環境に優しいエネルギーには，どのようなものがあるのか考える。

3．新たなエネルギー供給源として脚光を浴びてきたバイオ燃料と食糧問題を関連付けて，地球環境に及ぼす影響を考える。

4．「京都議定書（COP3）」から「パリ協定（COP21）」が採択された背景と二つの相違点について調べる。また，当時米国が離脱を表明したが，その理由と影響を考える。

5．自分たちが取り組める身の回りの環境改善には何があるか。その実践と報告をする。

6．住まいの環境，住みやすい生活環境，地域社会の環境について考える。

7．日本における公害の事例を調べ，そこから学ぶべきことや後世への教訓について考える。

6. 科 学

　人類の歴史の中で，20世紀は科学が大きく進歩した世紀だった。しかし，科学が私たちを本当に幸福にしたかどうかははっきりしない面が多い。松前重義は絶えず「精神文明と物質文明の調和」という言葉で，科学と人類の幸福のかかわりについて言及してきた。私たちもその言葉を改めて考えていく必要があるだろう。

　また，科学は本来私たちの夢を実現してくれるものである。今まで多くの夢が科学によって叶えられてきた。しかし，その夢が便利さ・快適さだけを求めていたり，異なる目的に利用された例も多い。

　ここでは，科学にとって最も必要なものは何かを考えてほしい。また，科学的ものの見方とはどのようなものであるかも考えてほしい。その上で，科学の発達に欠かせない新しい発見・発明がどうすれば可能なのかも探ってみたい。

課　題

1. 最近，新聞やニュースなどで話題になっている新しい科学について調べ，21世紀における科学のあり方やその問題点を探る。

2. 時代や国，思想や立場などによるものの見方の違いを調べ，科学的なものの見方とはどのようなものであるか考える。

3. 過去における科学の功罪について調べ，人類や私たちを幸せにする科学に必要な視点を考える。

4. 過去や現在の科学者の伝記や研究方法などを調べ，新しい発見・発明には何が必要か考える。

5. 無装荷ケーブルが発明されるまでの経緯を調べ，そこから何が学べるか考える。

6. 科学によって実現した事例をもとに，それらが社会に及ぼした影響を良い面と悪い面の両面から比較し，科学の進歩が社会に与える影響を考える。

7. 人類の本当の幸せとはどのような状態なのかを考え，これからの科学が果たす役割について考える。

7. 情 報

「情報は，国をも動かす」と言われるように，情報は，国の在り方から時の政権にまで大きな影響力を持つようになっている。最近では科学技術の急速な進歩により，これまで公にされなかった事や個人のプライバシーまでもが一瞬にして全世界に広がることもあり，その影響力はますます増大している。

ネットを通して，だれでも世界に情報を発信できる。それは，個人が新たな「力」を手にしたことを意味する。製造者やマスメディアからの情報だけでなく，ネット上の掲示板を通して個人の意見，いわゆる「口コミ」を重要視する人も多くなった。ネット上の情報量は膨大で，一部の人や組織が，すべてを管理できるものではない。間違った情報や誘導するための情報も多くある。私たちは，情報を主体的に収集・発信する「力」を手に入れたが，真偽を見極める力も備えなくてはならないし，情報の扱いに責任と自覚を持つことがいかに大切かを知らなければならない。

情報が世界を脅かすものになるか，人々に幸福をもたらすものになるかは，それを扱う人の素養と意識によるといっても過言ではない。情報通信ネットワークは，自由と責任が背中合わせになっている民主主義社会そのものという意識を持つ必要がある。

課 題

1. 高校在学中に選挙権を有することになるが，選挙ではどのような情報が流れ，その影響がどのような形で現れるかを調べる。

2. 独裁政治が行われている国や地域では，国や独裁者側からどのような情報操作が行われているかの事例を調べる。

3. 情報を利用する立場から，マスメディアが提供するものと「口コミ」によるものとの信頼性や特性の違い，取り扱い上の注意点を探ってみる。

4. ネット上の「口コミ」における評判を調べ，具体的に候補となる商品を選ぶ。その後，決定に際し影響された意見の背景について考える。

5. 間違った情報（デマやフェイクニュース）が広がって，社会や多くの人が混乱した事件や出来事を調べ，どのようにしたら情報に惑わされないリテラシーを身に着けることができるかを考える。

6. すべての情報について，政府や特定の機関が管理することになったと仮定する。そのとき，どのような変化が自身や社会におきるかを考える。

7. 情報の伝達方法は，創立者が発明した無装荷ケーブルの時代から現代までの間にどのように変遷したか，その変化と推移を考える。

8. 生 命

　地球上に生命が誕生したのはおよそ40億年前といわれる。そして現在，地球は人間をはじめとして多様な生物に満ちている。しかし，それらの生物のなかでも「生命」について考え，「生命の尊厳」を理解できるのは人間をおいて他にない。人類はわずか100年の間に月に到達し，原子の火を燃やし，遺伝子という生命の謎を解く鍵を手に入れ，「生命」そのものまでをも操作することを可能とするようになってきた。

　その結果，人間は他の生物の「生命」のみならず，私たち人間の「生・老・病・死」のあり方，つまり人間の生きることに対する価値観をも根本的に変えてしまうかもしれない。

　今，人間と他の生物の「生命の尊厳」をどのように考え，「生命」にどのように関わっていくべきかが，改めて私たちに問われている。その際に大切なことは，これらの課題を社会問題としてだけ考えるのではなく常に自分自身の問題としても受けとめることである。なぜなら，いずれもわたしたち自身が現実に直面するかもしれない課題だからである。

課　題

1．「生命の尊厳」，「人格の尊厳」，「尊厳死」等の言葉の違いについて考える。

2．人や科学は，人間の生命の誕生や死にどこまで介入し，操作することが許されるかを考える。

3．遺伝子診断について調べ，どのようなメリットとデメリットがあるかを考える。

4．ES細胞，iPS細胞研究について調べ，そのメリットとデメリットを考える。

5．脳死と脳死判定，臓器提供と臓器移植について，自分・家族・社会の視点から考える。

6．人間の生命よりも大切なものがあるか考える。

7．一部で廃止を望む声があるが，わが国で死刑制度が廃止されていない理由と，その是非について考える。

9．知的財産

　長い人類の営みの中で，知恵や創意工夫から生まれた科学・技術・文芸・芸術などの成果である知的財産は，われわれの生活を豊かにする創造の産物であり，人類共有の貴重な財産である。
　知的財産権の保護は，創出者の利益を守るためにある。創出者は流通から得た利益を糧とし，さらなる知的財産の創造へと向かう。すなわち，創造・保護・活用といった，知的創造サイクルが継続されるのである。
　もし，知的財産が保護されなかったらどうなるか。町には粗悪な模造品が流出し，モラルは低下し，創出者の意欲は減退するだろう。一定の品質を守る，モラルを維持する，また創出者が，新たな創造へ向かうために，知的財産の保護は必要である。
　しかし一方で，知的財産をめぐる問題は世界的な規模で発生している。例えば，多くの知的財産権を有する国と，そうではない国との間に生じる諸問題は，時には人命に関わる問題として解決が急がれている。
　学園の知的財産教育は，権利保護の重要性理解に始まり，創造性の育成，内的起業家精神の涵養を目指しているが，知的財産権をめぐる諸問題をも含めて考察を深めたい。

課　題

1．知的財産権にはどのようなものがあるかを調べ，それぞれがどのような法令・制度で保護されているかを調べる。

2．近年の知的財産権をめぐる問題について調べ，この問題の原因と解決法を探る。

3．便利な用具や製品などの開発の歴史を調べ，その過程にどのような苦労があり，それをどう克服したか考える。

4．身近なところで販売されている商品を実際に手にとって，その工夫されている点を観察してまとめる。

5．知的財産権をあえて放棄した事例について調べ，放棄の理由を考えた上で，その決断の是非について討論し合う。

6．「まちおこし」や商店街の活性化対策などに取材し，地域が元気になるための方策を考える。

10. スポーツ

　スポーツは，私たちの心に感動を生み，生活を豊かにしてくれる反面，勝敗や記録にとらわれがちになるという側面も持っている。現代に生きる私たちは，どのようにスポーツと向き合えばよいのであろうか。スポーツの役割は，ますます重要なものとなっており，高齢化社会にあっては生涯スポーツの意義は一層重要視されていくであろう。

　現代にあっては，スポーツに科学的要素やトレーニング法を取り入れることによって，競技記録を大きく伸ばしたり，より良い健康維持に努めたりすることも可能になった。

　また，スポーツが国際交流に重要な役割を果たすことは，創立者が自ら実践し，生涯をかけて提唱したことである。

　このように，社会的なニーズによってスポーツが，健康・医療・福祉分野と複合的な連携を進めることにより，社会生活の充実・向上が期待され，さらには国際社会にも貢献することができる。

　スポーツやスポーツビジネス，健康を科学的に学ぶことと，身体的な健康はもとより，精神的健康，社会的健康，経済的健康等について考える。

課　題

1. オリンピック・パラリンピックや国際大会で，感動した競技や選手のエピソードについて調べ，その理由を考える。

2. あなたが考える，様々な人々から応援されるスポーツマンは誰か。その理由を考える。

3. パラリンピックやスペシャルオリンピックスについて調べ，スポーツが果たしている役割について考える。

4. 自分の好きなスポーツの種目について，その歴史と地理的な広がりを調べる。

5. スポーツと禁止薬物の使用について調べ，なぜ禁止されているのかを考える。

6. スポーツと国際交流・国際政治との関係について調べ，考える。

7. スポーツにおけるルールの改変について，その理由や背景を調べ，ルールがスポーツに果たす役割を考える。

8. スポーツとビジネスとの関係について，「プロとアマチュア」，「スポンサー」，「メディア」などの観点から考える。

参　考
考えるための技術

1．情報を集める……………………………………54
2．考えを組み立て，伝える………………………58
3．議論する…………………………………………62

ここでは，現代社会のさまざまな分野にわたる多くの課題に対して，私たち一人ひとりが主体的に考え，取り組み，周囲の人々と意見を交わしていくための方法，自分なりの確固とした思想を培っていくために必要な「技術」について学んでいきたい。

1．情報を集める

（1）情報を見きわめよう

私たちは日々の生活を送る中で，新聞やテレビ番組などのマスメディアや，インターネットを通じて，じつに多くの情報に出会う。それらの情報は，たくさんの人間やメディアを通して私たちのところへ届く。こうした現実にもかかわらず，私たちは与えられた情報をややもすると「事実」ととらえてしまう場合がある。情報には，その送り手の意図が反映され，事実と異なる場合もある。その結果，私たちは「誤った情報」により「誤った認識」を持ってしまう恐れがある。

情報を集めるには，直接現場に身を置いて自分の眼と耳とを使って情報（**第1次情報・直接経験の事実**）を得る方法と，文献やマスメディアなどから情報（**第2次情報・伝聞の事実**）を得る方法がある。どちらの場合もできる限り多くの材料から多角的に情報を集める必要がある。

（2）情報を集める前に

正確な情報を効率よく集めるためには，次の事項に気をつける必要がある。
①あるテーマについて情報を集める場合，そのテーマについて自分たちが，現在どのような知識を持ち，どのような問題意識を持っているかを，前もって十分話し合い，意見を出し合うこと。その過程で，テーマの中のどのような事について情報を集めるのかをはっきりと確認すること。
②グループで情報を集める場合は，分担すること。
③調べる方法や手順を事前に十分検討し，共通した項目がある調査については方法や内容を確認すること。
④情報を集めた結果，どのような形にまとめ，どのような機会に発表するかを，確認しておくこと。

（3）第1次情報（直接経験の事実）を集める

第1次情報を集める方法には，「インタビュー」「アンケート調査」などがある。これらの方法を用いることで，第2次情報だけではわからない，さまざまな人々の「生の意見」や「現場の雰囲気」を知り，テーマに関する問題点をさらに掘り下げたり，新たな問題点を見出すことができる。

A．インタビューをしてみよう

①テーマにかかわる諸問題の中で，それらに関係する人々の意見を直接聞いた方がよい事柄を整理し，項目を立てる（キーワードを並べる）。

②関係資料や関係機関の情報から，インタビューの対象者をリストアップし，調査に使える時間や人員・経費との関係を考え，対象を絞り込む。

③インタビューの対象者に次の事柄を手紙や電話で伝達し了解を得る。

  a）なぜ訪問するのか，調査の結果をどのように利用するのかを明確に示す。

  b）相手の都合を考え，候補の日時を複数あげておく。

  c）訪問する側の人数・学校名・氏名を伝える。

  d）写真やビデオの撮影や録音をしたい場合は許可を得る。

④インタビューの際には，次のことに気をつける。

  a）予定時間に遅れないように訪問し，インタビューに応じてもらったことへのお礼を述べる。

  b）質問はできるだけ簡潔にする。

⑤インタビューが終わったら，次のことに気をつける。

  a）できるだけ早く，礼状を送る。

  b）レポートなどに内容がまとまったら，もう一度礼状を添えて送る。

B．アンケート調査を実施してみよう

①調査を行う前に

  a）協力してくれる人々（調査対象者）にも理解してもらえるように，調査の目的をはっきりさせる。

  b）どういう人々に協力を依頼するのか，しっかりと検討する。

  ＊データの信頼性を高めるため，一部の偏った意見や傾向にデータが左右されないよう，調査対象を検討する。

  ＊「全数調査」か「標本調査」かを検討する。クラスや学年が対象であれば，できるだけ全数調査を行う。

  ＊学校外の一般の人々に対して調査を行う場合には，年齢・性別・職業・趣味などの項目について特定するのか，そういう制限はしないのかを最初に決める。

②調査の実施方法

  「配票調査法」：対象者に調査票を直接手渡しして，その場または後日に回収する方法。

  「郵送調査法」：調査票を郵送し，返信用封筒・返信用はがきで返送してもらう方法。

  「面接調査法」：対象者に面談しながら調査項目に回答してもらう方法。

      （電話による「電話調査法」もこれに同じ）

③アンケートの内容について

「はい／いいえ」で答える形式にするか（下資料(1)・設問2参照），選択肢を並べる形式にするか（下資料(1)・設問1，3参照），また意見や情報を集める意味を含んだ記述式にするか（下資料(1)・設問4参照）を，各質問ごとに決める。

また質問の並べ方については次の事柄に配慮する。

a）簡単に回答できる質問を最初に設定する。
b）一般的な質問から細目に立ち入る特殊な質問へと進める。
c）調査で最も重要な質問を中心にすえる。
d）お互いに関連のある質問は，まとめて配置し，クロス集計などにより，データの関連についても分析する。

④その他注意する事柄

a）強調したい箇所や誤読の恐れのある箇所は，アンダーラインを引くなどの工夫をする。
b）活字の大きさにも配慮する。
c）また，前ページの「A. インタビューをしてみよう」を参考に，協力者に対する感謝の気持ちを丁寧に示す。

資料(1)

【調査票（アンケート用紙）の例】
平和憲法に関するアンケート

　私たち1年5組では，現代文明論の授業の中で「平和憲法」についてディベートをするために，今回本校の1年生全員にアンケート調査を実施することにしました。下の質問にお答えの上，○月○日までに，1年5組教室前に置いた回収ボックスへ入れて下さい。よろしくお願いします。

1. あなたは日本国憲法第9条の内容について知っていますか。
　　a．よく知っている　　　b．少し知っている
　　c．知らない
2. 1の質問でa，bを選択した人のみ答えて下さい。
　　あなたは「日本は憲法第9条を守るべきだ」と考えますか。
　　a．はい　　　　　　　　b．いいえ
3. 2の質問でaを選択した人のみ答えて下さい。
　　あなたがそのように考える最も大きな理由を，次の中から1つ選んで下さい。
　　a．世界の平和に役立つと思うから。
　　b．国際社会の中で日本の独自性を示すものだから。
　　c．第9条がなければ，日本の平和が保たれないと思うから。
4. 日本以外で平和憲法を持っている国と思われる国名を記入してください。
　　（　　　　　　　）（　　　　　　　）
ご協力ありがとうございました。

資料(2)

図書分類（日本十進分類表）のしくみ

　日本十進分類表では，すべての図書が「類」「綱」「目」の順に従って区分がこまかく分かれている。

　たとえば，「歴史」については，下の通り区分されている。

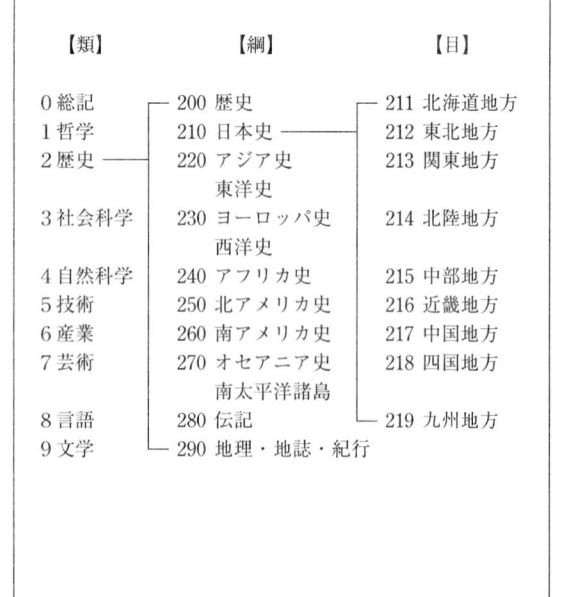

【類】	【綱】	【目】
0 総記	200 歴史	211 北海道地方
1 哲学	210 日本史	212 東北地方
2 歴史	220 アジア史 東洋史	213 関東地方
3 社会科学	230 ヨーロッパ史 西洋史	214 北陸地方
4 自然科学	240 アフリカ史	215 中部地方
5 技術	250 北アメリカ史	216 近畿地方
6 産業	260 南アメリカ史	217 中国地方
7 芸術	270 オセアニア史 南太平洋諸島	218 四国地方
8 言語	280 伝記	219 九州地方
9 文学	290 地理・地誌・紀行	

（4）第2次情報（伝聞の事実）を集める

A. 図書館を活用しよう

　過去から現在までの長い歴史の中で，そして国内・海外の広い地域にわたって，多種多様な多くの文献を所蔵しているのが図書館である。また，図書館に集められた情報は，利用しやすいように整理されているので，いつでも必要な情報を効率的に探し出すことができる。

　①参考図書（レファレンス・ブック）コーナーで調べる

　　あるテーマについて調べる場合，どのような事柄が問題となっているか，また資料となる図書を探す際のキーワードは何かなどを調べるには，まず「参考図書コーナー」を活用するのがよい。

　②新聞の縮刷版を利用する

　　図書館の参考図書コーナーには，何種類かの新聞の縮刷版が置いてあるところが多い。国際・政治・経済・社会・文化などの各分野について，その時々のニュースやその解説が載った新聞が普通1カ月単位でまとめられたものが縮刷版である。

　　縮刷版では，日付だけでなく，いろいろな項目ごとの索引によって記事を探し出すことができる。

　③資料となる図書を探す

　　図書館では，「日本十進分類法」（前ページ資料(2)参照）の順序に従って，図書が書棚に並べられている（開架式書架）。そのため，書棚の配置図を参考にして，必要な情報が載った図書を探すことができる。

　　また開架式書架以外に，図書が書庫などに収められていて，必要な時に係の職員が持ち出してくれる閉架式書架もある。また，開架式であっても所蔵図書が多いため直接探すのが大変な場合には，コンピュータを利用して必要な図書を検索したり，書名や著者名が五十音順に並べられた目録カード（「書名目録」や「著者名目録」など）のコーナーを利用して検索することもできる。コンピュータを利用して検索する場合には，書名や著者名だけでなく，キーワード（項目）によっても探し出せる。

　　また，その図書館には所蔵されていない図書についても，設置されているコンピュータが他の図書館とオンライン化されている場合には，目的の図書がネットワーク内のどこの図書館に所蔵されているかなどを調べることもできる。

　　さらには，どこの図書館にどのような図書が所蔵されているかがまとめられた「図書館検索サーバ」にインターネットでアクセスすることで，かなり広範囲に必要な図書を探すことも可能である。

B. インターネットを駆使(くし)する

「情報の受け手」としてだけでなく、「情報の送り手」としても、現在の情報化社会に積極的にかかわっていくことができる。

また、企業や大学・研究機関おのおのが所蔵するデータが、お互いに関連づけて結ばれ（リンクされ）ていれば、インターネットを利用することで、そうした関連のあるデータを次々に検索していくこともできる。

さらに、私たちはインターネットを利用することで、すでに蓄積されたデータベースだけでなく、多様で新鮮な情報、たとえば当日の世界各地の新聞記事なども知ることができる。そして、それらの記事にかかわる過去の記事を、キーワードなどを利用することで検索・閲覧することも可能である。

その他、インターネット上にウェブサイトを開設し、テーマに興味・関心を持つ不特定多数の人々の意見や情報などをそこに書き込んでもらうこともできる。

2. 考えを組み立て、伝える

（1）情報を整理する

「情報を集める」において、私たちはさまざまな情報の収集手段について知ることができた。しかし、集めた情報をいかに整理するかによって、一つひとつの情報の価値も変わってくるのである。集めた情報によって、自分の考えを組み立てたり、さらには発表や議論のために、自分の意見とそれを裏付ける情報とを整理するには、集めた個々の情報を取り出しやすいように保存しておく必要がある。

一つのテーマについて情報を集めた場合であっても、できるだけ多くの小テーマに分け、多角的に多種多様な情報を収集しなければならない。その結果、一つひとつの情報は、収集する前には予想もできなかったほど、さまざまな関係を持っていることに気づくだろう。

集めた情報を「レポート」や「議論のための資料」としてまとめる（考えをまとめる）ためには、それら個々の情報をそれぞれカードにまとめ保存しておくと便利だ。さらに、それらのカードをいろいろと並べ替え、それぞれの相関関係を確認しながら、最終的にどのような形（意見）に全体をまとめていくかを、検討していくとよい。

また、コンピュータによる情報の保存・管理には個人情報をはじめ、大量な情報が保存されるため、細心の注意と管理が求められる。

【カードの作り方】

①カードは、できるだけ小さな項目単位にまとめる。

②カードのタイトルは、キーワードで表記し、同じキーワードについて複数の資料がある場合には、番号を付けるなどして区分する。

③カードにまとめられた情報資料の入手先，たとえば書籍（書名・著者・出版社）や新聞（新聞名・朝夕刊別・日付），人物（氏名・職業・肩書き・日時・場所）については，明記しておく。

④その情報資料が，「引用」なのか「要約」なのかを明記する。

（２）「考えを組み立てる」とは

あるテーマについて集め，整理された情報や資料をもとに，問題点を見出し，それら一つひとつの問題に対する考え（意見や判断）を，筋道を立ててまとめていくことが「考えを組み立てる」ことである。

例えば，私たちが新聞記事から「アマゾンの森林伐採によるジャングルの砂漠化」というニュースを知ったとする。そして，そこから派生する地球環境の悪化が人類の将来に悪い影響を与えるのではないかと不安を感じる。さらには，自分自身の近い将来にもその影響があるのではないかと心配する。その結果，「では人類はいまどうすべきか，自分自身はどのような行動をすべきか，何を心がけて生活すべきか」を考えるだろう。そして，その考えを第三者に理解してもらえるように，考え（意見）を裏付ける情報（資料）を集め，段階を追って考えを確かなものにしていく。

このような過程を経て生まれた個人やグループの考えを，自分たちの中で整理し明確に把握する過程が「考えを組み立てる」という行為なのである。

しかし，この組み立てる作業を自分の頭の中だけで行うのは，かなり難しい。そこで常に，レポートにまとめたり発表のための資料として作成することを想定し，手順を踏んで組み立てていくことがその近道と言える。

（３）レポートにまとめてみよう

①テーマの設定から資料（情報）の収集，さらにカードによる整理までの過程で，テーマにかかわるさまざまな問題に気づくことだろう。そして，一つひとつの問題に対する意見やぜひ伝えたい事実が発生する。そこで，それらの問題や事実の中で伝えたい内容のランク付けを行い，最も伝えたい意見や考えを選択する。

カードにまとめられた事柄ごとに，一つひとつの事柄の関係を実際にカードを使って配置してみることで，全体の中でのかかわりをよりわかりやすく把握することができる。

【マッピング】

人口増加（南半球）
・原因は……
・今後の傾向…

工業化によるCO_2の排出増加
………
………

森林伐採→砂漠化
・経済…
・その他の問題は…

オゾン層の破壊
〜
………

②伝えたい意見を第三者にわかりやすく理解してもらうためには，どのような論理の展開（下資料参照）や資料提示の順序が適切か，展開・提示する項目・内容の分け方などを含め，それぞれ整理する。
③意見や考えの裏付けとなる情報（資料）に不足はないか，より説得力のある情報（資料）が他にないか，もう一度点検する。
④集めた資料を客観的なデータとして提示する場合，表やグラフ（次ページ参照）など，どのような形式が適当かを検討する。
⑤レポートの最後に全体をまとめ，意見を述べた部分を設ける。

（4）調べ学習・発表の場合のすすめ方

【テーマ選択】
1．学習目標に沿ったテーマを選ぶ。
2．学習のねらいを確認する。
3．身近な内容の選択から始め，次第に大きな内容を扱う。
4．あるいは，大きな内容から身近なことがらに結びつける。

【班構成】
1．テーマ内容にあわせ，2名〜6名程度の編成とする。
2．班の中での役割分担をはっきり決める。人任せにしない。
3．テーマ次第では無理に班分けせず，個人単位でもよい。

【情報収集】
1．インターネット・書籍などを利用した場合は，出典を明示する。
2．可能な限り実地調査（訪問・見学・インタビュー等）を行うことが望ましい。
3．資料を取り扱う際は，情報収集の目的やねらいを常に意識する。
4．文字・文章以外の写真・映像・グラフ・表・図など多角的に情報を収集する。

【考えを組み立てる論理の展開（論証の方法）】

帰納法：個々の事実から一般的な法則の原理を導く方法。
〈例〉①富士山に傘状の雲がかかっていた翌日，東京で雨が降った。
②翌週にも同じような雲がかかった翌日，東京でまた雨が降った。
③1年後にも同じ現象が起きた。
④ゆえに，富士山に傘状の雲がかかると東京では雨が降る。

演繹法：一般的な法則的原理から個々の事例を解明する方法。
〈例〉①生き物は，必ず歳をとる。
②ゆえにわが家のポチも老犬になる。
③ゆえに両親もいずれ老いて老人となる。
④ゆえに私もいずれ老人になる。

弁証法：二つの対立する考えを，それぞれ調整し活かしながら，より望ましい新しい考えを導く方法。
〈例〉①科学技術の進歩は，人類の生活を向上させた。
②しかし，その向上に伴って自然環境は悪化した。
③科学技術は，自然と人類の共存をめざして進歩させるべきである。

【グラフの活用】

〈グラフを利用する場合に注意すること〉
a．グラフに関連する文章にできるだけ近い場所に配置する。
b．グラフに通し番号と短いタイトルを付け，関連した文章の中で番号を指示する。
c．引用したグラフを示す場合には，その出典をタイトルの後か下に明示する。

〈グラフの種類〉

A．折れ線グラフ
比率や平均などの時系列的変化やその比較を示すのに適している。

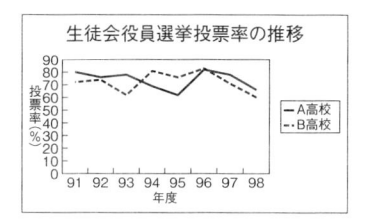

B．棒グラフ
アンケートなどで回答ごとの度数や割合を比較するのに適している。

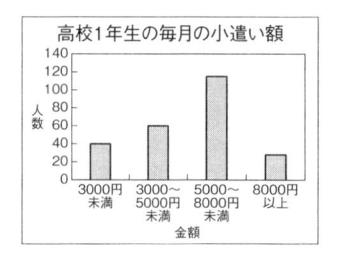

C．円グラフ
1つの質問に対する回答の割合を比較するのに適している。

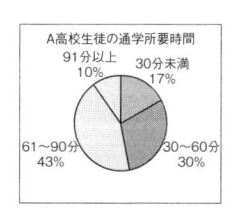

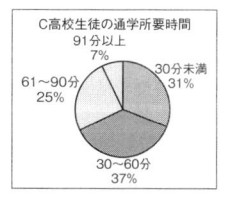

D．帯グラフ
質問ごとの回答の比率を比較したりする。

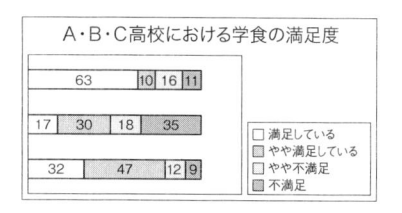

E．統計地図
地域ごとに回答の比率を視覚的に比較して示す際に，簡単な地図を利用する。

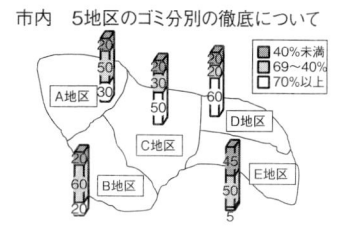

F．散布図
2つの数値や事柄の相関する分布を示すのに適している。

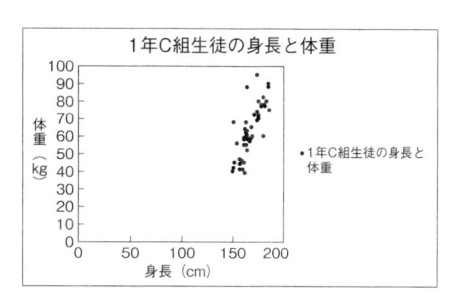

G．レーダーチャート
いくつかの質問に対する回答の度数を同時に示すことで，度数の比較をわかりやすく示す場合に適している。

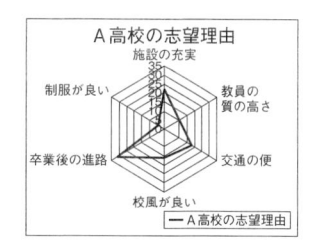

【発表準備】
1．スライドは，色づかい，文字の量・大きさ，取り込む資料などのバランスに注意する。
2．模造紙は，1～2枚程度にまとめ，文字数は少なくし説明文を書かない。
3．発表原稿は，難解な言葉を避け，わかりやすい言葉を心がける。
4．スムーズな発表のためにリハーサルを行う。

【発表】
1．大きく，はっきりとした声で相手を見て話す。
2．決められた時間に合わせた発表を心がける。
3．聞く側の積極性を引き出すために疑問や質問を考えさせるなど工夫をする。
4．課題に対する自分なりの意見を盛り込む。

【全体】
1．他人への誹謗・中傷・差別や誤りがないように前もって発表内容を点検する。
2．自己中心的な判断や視野の狭い解決法になっていないかを確認する。
3．最も考えてほしいこと，理解してほしいことを伝える。
4．発表だけを最終目的とせず全員で課題について考えることを主眼とする。

3．議論する

（1）なぜ議論するのか

　私たちは，それぞれ自分自身の考えを，「情報を集める」「考えを伝える」というステップを踏むことで，具体的かつ論理的に裏付けされたものに「成長させる」ことができる。
　しかし，「考えを伝える」までの段階では，それぞれの考えはまだまだ「一方的」で「独りよがり」な考えである場合も多い。それは，それぞれの考えが，その一人ひとりの見識からスタートし，その個人の経験や環境の影響を受けた各々の個性・考え方によって生み出され，色づけされ，整理されたものだからである。
　そこで，「考え」を客観的に見直し，「一方的」，「独りよがり」な点を明らかにし，より強い論理的な裏付けを備えた「意見」にしていくため，さまざまな異なった考え・意見を交わし高め合う，つまり議論する必要がある。

（2）主な議論の方法

A．実際に具体的な議論に入る前に，その議題についての関心や議論への意欲を高めるための方法

ブレーン・ストーミング

集団の中のメンバーが自由に創造的な意見や考えを述べることで，そのテーマに関してどのような問題点があるのか，あらゆる角度から知識や考えなどを提示すること。お互いの発言に対してコメントしないことが特徴。

①全体もしくは班ごとに分かれた中で，各個人が自由に，自分の考えやアイデアを黒板や紙に書いていく。

②全員の意見が出つくしたところで，出された内容について全員で分析・整理する。それをもとに，これからどのような形で討議を進めていくかを決める。

四つの基本ルール

- 批判しない
- 質より量を重視する
- 自由に発想し，自由に発言する
- 他人の意見に便乗し発展させる

B．多くの人数で話し合いを進めても，なかなか意見が活発に出ない状況になった場合などに有効な方法

バズ・セッション

小グループに分けることで，各メンバーが気軽に発言したり，全体の前では発言がしづらいメンバーが発言しやすい状況を作る。個々の考えや意見を聞き，まとめることもできる。

①全体を数名ずつの小グループの班に分ける。

②グループ内では，全員が討議に参加し，グループごとの意見や考えをある程度まとめる。

③全体での討議に戻り，各グループから出された考えや意見をもとに全体で討議する。
　＊この方法には，6人ずつの班に分かれ，6分間ずつ話し合う「六・六式討議」なども含まれる。

C．各生徒が論題に関する知識を自分で整理したり，それらを全体で集約することで，論題に関するさまざまな問題点を取りまとめる方法

KJ法を応用した討議法

①全員に5～10枚程度のカード（メモ用紙）を配布する。

②各自がテーマにそった意見や考えを，思いつくまま自由に記入する。（記名する）
③すべてのカードを回収し，関連しているカードをまとめることでグループを見つけ出し，各グループごとにタイトル（小テーマ）をつけた後，班分けをする。
④各班がそれぞれの小テーマについて議論し，最後に全体の前でその討議内容について発表する，またはレポートとしてまとめる。
⑤各班の発表を踏まえて，全員で討議を進める。

D. まだ議論する余地のある一つの論題（テーマ）について，肯定側，否定側の双方から論証していくことで，その論題にかかわるさまざまな問題点を理解し，少しでも望ましい解決方法を見出そうという姿勢を身につける方法

> ディベート

　参加者の個人的な考えや意見とは無関係に，一つの論題に対して，肯定側と否定側，そして審判の三つのグループに分かれて，決められたルールに従って討論をする。それぞれのグループは，討論の相手ではなく，聴衆（審判）をいかに納得させるかを心がける。参加者全体としては，討論の結果，その論題について，どのような問題点・考え方があるのかを理解し，次の討論やまとめなどにつなげることを目的とするとよい。
①実際に討議に入る前にそれぞれが資料調べなどができるよう，時間的余裕のある時点で，参加者を「肯定側」「否定側」「審判」の3グループに分ける。この場合「肯定側」「否定側」については，メンバー個々の個人的な考え・意見とは無関係に分ける。
②「肯定側」「否定側」はそれぞれの立場を裏付けることのできる資料調べ（「情報を集める」を参考）とそれぞれの論（立論）のまとめを行う。また，相手側がどのような論を展開するかを予想しながら，その主張に反論（反駁）するための準備もする。
③〈肯定側立論（基調）スピーチ：6分〉
　「肯定側」から，その論題について肯定する立論（基調スピーチ）を行う。立論では，その論題について「なぜ肯定するのか」「肯定するためにはどのようなプランを立てる必要があるのか」，また「そのプランにより得られるメリットは何か」を展開する。
④〈否定側質問：3分〉
　「肯定側立論」に対する質問を「否定側」が行う。
⑤〈否定側立論（基調）スピーチ：6分〉
　「否定側」から，その論題について「なぜ否定するのか」「否定することによって生じるメリット，肯定した場合に予想されるデメリットは何か」を展開する。
　＊デメリットについても，メリットと同様に「ラベル（デメリットの内容）」「デメリットの発生過程」「デメリットの深刻性」を整理して論じる。
⑥〈肯定側質問：3分〉

「否定側立論」に対する質問を「肯定側」が行う。
⑦〈否定側第1反論：4分〉
「否定側」より，「肯定側立論」の抱える問題点・矛盾点などを指摘し，反論を行う。
⑧〈肯定側第1反論：4分〉
「肯定側」より，「否定側立論」の抱える問題点・矛盾点などを指摘する反論を行い，否定側の第1反論における反論の内容を踏まえて，肯定側立論の議論を立て直す。
⑨〈否定側第2反論：4分〉
「肯定側」の立論および第1反論を踏まえ，「否定側」が改めて論題を否定することの優位性を主張する。
⑩〈肯定側第2反論：4分〉
「否定側」の立論および第1反論を踏まえ，「肯定側」が改めて論題を肯定することの優位性を主張する。
＊③から⑨までの間に，双方はそれぞれ1分ないし2分の準備時間（作戦タイム）を設定することができる。
＊時間設定については，全体の時間によって各パートの時間を短くしてよいが，不平等にならないよう臨機応変に設定する。
⑪審判を担当するメンバーは，フローシートを利用し，討論の流れを記録する。
⑫審判を担当するメンバーは，肯定側，否定側それぞれの妥当性を比較し，勝敗を決め発表する。
＊討論終了後，それぞれが記録したフローシートを手がかりに，全員で討論を振り返り，論題に関してどのような問題点が解決されないまま残ったかを検討し，それらの問題点を解決するためには，どのような手段や方策が必要かを改めて考える。そしてもう一度同じ論題で討論をすることで，さらに理解と認識を深めることもよいだろう。

（3）実際に議論をしてみよう

これまで紹介した議論（討論）の方法を組み合わせることで，より問題点を絞った，活発な議論を行うことができる。

そこで〈ブレーン・ストーミング〉〈バズ・セッション〉〈KJ法〉〈ディベート〉などを併用し，「日本は選挙の棄権に罰則を設けるべきである。是か非か」という論題について議論する例を示してみたい。

①クラスを6人程度の小グループに分け，論題に関係する問題点やそれらを解決するためのプラン，アイデアなどを思いつくままに述べ合う。このとき気をつけなければならないのは，お互いの発言に対して，決して意見を言わないことである。〈ブレーン・ストーミング〉

②小グループをさらに2人のペアに分け，それぞれにメモ用紙を配布し，「日本は選

挙の棄権に罰則を設けるべきである。是か非か」という論題に対し，各ペアが「問題点」「その重要性・深刻性」「原因」「対策」「具体的な前例」などをメモ用紙に記入する。(記名する)〈KJ法〉

③記入されたメモ用紙をすべて回収し，「参政権」「棄権」「罰則・法制度」「外国の選挙制度」など，項目（小テーマ）ごとに分類し，記入したメンバーによって班分けを行う。

④小テーマごとに分かれた班の中で，それぞれの小テーマについて，自由に考えや意見を述べ合い，どのような問題点が存在し，またどのような意見が存在するかを班ごとにまとめる。〈バズ・セッション〉

⑤各班でまとめられた問題点・意見全体をまとめたものをプリントして確認し合い，全員がそれぞれの小テーマごとの討議結果を認識する。

⑥クラス全員を4～5人ずつのチームに分け，「肯定側」「否定側」「審判」のすべての役割をできるだけ各チームが経験できるよう，ディベートの組み合わせを決める。〈ディベート〉

⑦各チームは，全体でまとめられたプリントを参考に，「肯定側」「否定側」のそれぞれの立場に立った場合に必要な資料などを集め，「立論スピーチ」の準備をする。

＊問題点の提示や意見を裏付けるために必要な資料（データ）は，できるだけ具体的かつ有効な情報を集める。

＊たとえば以下のデータなどを集めてみるのもよい。

a) 最近実施された国政選挙や地方選挙の投票率とその推移
b) 選挙にかかわる現行の法的な罰則制度
c) 論題に該当する諸外国の法制度
d) 各新聞社などが行う有権者への各種アンケート結果

⑧実際にディベートの対戦を進め，「肯定側」「否定側」「審判」に当たらないチームの人たち（観戦者）も，各ディベートへの感想や気づいたことなどをまとめておく。

⑨各ディベートが終わるごとに，「審判」から勝敗の判定とその判定内容や理由について発表し，観戦者からも感想や気づいた点などを発表してもらう。

⑩すべてのディベートが終了した後，全体で反省点を話し合い，論題について，現在どのような論点が存在し，今後新たにどのような課題の発生が予想されるかなどをアンケートなどでまとめる。

このような例を参考に，もっと身近な問題，たとえば生徒会やクラスで「学校行事」「地域の問題」などについて討議する場合も，代表者だけの議論やアンケートのみに終わらせずに，議論に参加する姿勢を身につけよう。

参　考　考えるための技術　　67

ディベート用フローシート

年　月　日　　肯定側：　　　　　否定側：　　　　　　氏名：

肯定側立論 (　　)	質疑応答	否定側立論 (　　)	質疑応答	否定側 第1反駁 (　　)	肯定側 第1反駁 (　　)	否定側 第2反駁 (　　)	肯定側 第2反駁 (　　)

〈判定のポイント〉
①正しい事実に基づいているか。(情報の正確さ)
②一貫性のある論理的な主張ができているか。
③説得力のある話し方ができているか。(声の大きさ・明確さ，表情，姿勢)
④提示する資料は適切か。
　(資料引用について書籍の場合は書名・著者・出版社，新聞や雑誌の場合は新聞や雑誌名・日付・朝夕刊別をはっきりと示す)
⑤相手の主張を正確にとらえ，論点を整理して主張・質問・反駁をしているか。
⑥立論の繰り返しではなく，メリットやデメリットを補強する方向で進めているか。

年　譜

年　月　日	創立者と東海大学関係の主なできごと	年月日	社会のできごと
1901(明治34)年10.24	・松前重義,熊本県上益城郡大島村(現嘉島町)に生まれる	01. 2. 3	福沢諭吉没(68歳)
		04. 2.10	日露戦争始まる
1914(大正3)年4. 1	・熊本中学校(現熊本高等学校)に入学	14. 7.28	第一次世界大戦始まる
		14.12.18	東京駅完成
		15. 8.18	全国中等学校優勝野球大会(現全国高等学校野球選手権大会)始まる
1918(大正7)年	・講堂館(柔道)に入門		
1919(大正8)年4. 1	・熊本高等工業学校(現熊本大学工学部)電気科に入学		
1920(大正9)年1.11	・講堂館柔道で初段となる。その後3段となる(1922.12.12)	20. 1.10	国際連盟発足
		20.10. 1	日本で初めての国勢調査
		22.11.17	アインシュタイン初来日
1922(大正11)年4.10	・東北帝国大学(現東北大学)工学部電気工学科に入学	22.12.30	ソビエト連邦(ソ連)成立
		23. 9. 1	関東大震災起こる
1924(大正13)年	・卒業論文のテーマとして真空管のインピーダンスの計測実験を始める	25. 3. 1	ラジオの試験放送始まる
1925(大正14)年3.31	・東北帝国大学工学部電気工学科を卒業	25. 3.29	普通選挙法成立
4.16	・逓信省に入省,臨時電信電話建設局に配属	25.11. 1	東京山手線環状運転始まる
	・内村鑑三の「聖書研究会」に参加		
	・内村鑑三の『デンマルク国の話』『後世への最大遺物』を読み,デンマークの復興再建と国民高等学校の研究を始める	26. 1.20	東京初の電話ダイヤル自動
		26. 4.24	本州と北海道の電話開通
		26.	電波指向方式八木アンテナ開発
1926(大正15)年3.31	・逓信省工務局技師となる	26.12.25	大正天皇崩御。昭和と改元
5. 1	・森信子と結婚		
	・自宅に「教育研究会」をつくる		
11.22	・長崎郵便局電話課長として赴任		
1927(昭和2)年2.19	・長男達郎生まれる	27. 3.15	金融恐慌始まる
		27.12.30	地下鉄上野・浅草間開通
1928(昭和3)年5. 1	・逓信省工務局に帰任,調査課に勤務	28. 8. 2	五輪で日本人初の金メダル(男)三段跳び 織田幹雄)
	・無装荷ケーブル通信方式の研究に着手		
1929(昭和4)年10.	・浜口雄幸内閣の緊縮政策に伴う減俸反対運動を行う	29.10.24	ニューヨーク株価大暴落。世界恐慌の発生
1930(昭和5)年	・無装荷ケーブル通信方式の効用を力説。篠原登が研究に参加し,以後生涯の盟友となる	30. 3.28	内村鑑三没(70歳)
			自殺者急増年間約1万4000件
1931(昭和6)年2.11	・次男紀男生まれる	31. 9.18	満洲事変勃発
3.20	・『電信電話学会誌』に「長距離電話回線に無装荷ケーブルを使用せんとする提案」を発表		労働争議件数約1000件。産業界の操業短縮相次ぐ
1932(昭和7)年	・朝鮮海峡(下関～釜山間)海底通信ケーブルによる搬送電信ならびに電話回線の試験着手	32. 5.15	犬養毅首相射殺される(5・15事件)
			ロサンゼルス五輪競泳男子,6種目中5つで金
1933(昭和8)年4. 1	・ドイツ留学のため横浜港を出航	33. 3.27	日本,国際連盟を脱退
1934(昭和9)年6.21	・欧米諸国視察後,帰国	34.11.17	湯川秀樹,中間子論を発表
1935(昭和10)年1.26	・無装荷ケーブルの発明により電気学会から浅野博士奨学祝金を受ける	35. 8.10	第1回芥川賞・直木賞
8.11	・三男仰生まれる	35.12.10	年賀郵便切手発行(1銭5厘)
1936(昭和11)年1.	望星学塾開塾(現東京都武蔵野市)	36. 2.26	2・26事件勃発
11. 4	・東北帝国大学から工学博士の学位を受ける	36.	D51形蒸気機関車完成
	・日本～朝鮮半島～満洲間の無装荷ケーブル利用による電信電話ケーブル架設工事開始	36. 4.18	外務省,国号を大日本帝国に統一
1937(昭和12)年6.12	・「六省技術官有志懇談会」を発足させる	37. 7. 7	日中戦争始まる(～45. 8.15)
10.21	電気通信工学校開校(現東京都港区)	37. 4.15	ヘレン・ケラー女史初来日
1938(昭和13)年1.	・「七省技術者協議会」を発足させる	38. 4. 1	国家総動員法公布
		38. 7.15	五輪東京大会中止を決定
			灯火管制,空襲警報サイレン統一,代用品(竹製スプーン,木製バケツなど)

年　月　日	創立者と東海大学関係の主なできごと	年月日	社会のできごと
1940(昭和15)年10.12	・大政翼賛会総務部長に就任	40. 9.27	日独伊三国同盟調印
			男性用国民服法制化 40.11. 1
			小学校が国民学校と改称 41. 4. 1
1941(昭和16)年 3.26	・有馬頼寧らとともに大政翼賛会を退陣	41.10.18	東条英機内閣発足
	・理工系総合大学設立の資金集めに奔走	12. 8	太平洋戦争始まる
12. 3	・逓信省工務局長に就任		食糧・日用品等の通帳・配給制
1942(昭和17)年	・松前重義を中心とする「生産力調査グループ」発足	42. 4.18	米軍機日本本土を初空襲（東京～神戸）
1943(昭和18)年 4. 1	航空科学専門学校開校（現静岡県静岡市清水区三保　仮校舎）	43. 9. 8	イタリア無条件降伏
		10.21	学徒出陣始まる
12. 8	航空科学専門学校駒越校舎（現清水区駒越）落成	11.22	カイロ会談
1944(昭和19)年 4. 1	電波科学専門学校，電波工業学校開校（東京都中野区）		学童疎開決定 44. 6.30
4. 1	電気通信工業学校開校（現東京都港区）		
7.18	・二等兵で召集される（マニラ・サイゴン等の前線へ）		
1945(昭和20)年 5.19	・召集解除	45. 3.10	米軍による東京大空襲
8. 7	・広島被爆調査団のメンバーとして広島へ	4. 1	米軍沖縄に上陸
8.15	航空科学専門学校と電波科学専門学校を合併し，東海専門学校に改称（本校＝現静岡市清水区駒越・分校＝東京都府中市）	5. 7	ドイツ無条件降伏
		8. 6	米軍，広島に原爆投下
		8. 9	米軍，長崎に原爆投下
8.20	電気通信工業学校と電波工業学校を合併し，東海工業学校に改称	8.15	昭和天皇「終戦」の詔勅放送
		10.11	マッカーサー連合国軍最高司令官，男女同権，労働者の団結，専制の廃止，教育の自由化，経済民主化の五大改革を指令
8.30	・東久邇宮内閣（8.17発足）の逓信院総裁に就任		
10. 9	・幣原喜重郎内閣の逓信院総裁として留任		
10.20	東海専門学校，東海科学専門学校に改称		
1946(昭和21)年 4. 8	・逓信院総裁を辞任	46. 1. 1	昭和天皇，人間宣言
5.21	東海科学専門学校，駒越から三保に移転	1. 4	連合国軍最高司令官総司令部（GHQ），公職追放を指令
7.10	旧制東海大学開学（予科，現静岡市清水区駒越）		
9.16	・公職追放される（～50.10.13）	5. 3	極東国際軍事裁判開廷（48.11.12判決）
10.28	・教職追放される（～51.10. 5）		
11.15	財団法人英世学園，日本国民学舎開校（福島県猪苗代町）		
1947(昭和22)年 3.15	日本国民学舎閉鎖	47. 3.31	教育基本法・学校教育法公布
		5. 3	日本国憲法施行（公布46.11. 3）
1948(昭和23)年 4. 1	東海工業学校，東海高等学校に移行	48. 4. 1	新制高校・新制大学発足
4.25	東海実業高等学校（定時制）開校（現静岡市清水区三保）		
1949(昭和24)年 4. 1	東海大学第一中学校開校（現静岡市清水区駒越，51. 4. 1現静岡市葵区へ移転）	49. 4.23	1ドル360円為替レート発表
		12.10	湯川秀樹，ノーベル物理学賞受賞
5.10	旧制東海大学学部（経文学部＝現静岡市清水区駒越・理工学部＝同三保）開設		
1950(昭和25)年 3.31	東海科学専門学校廃止	50. 6.25	朝鮮戦争勃発（～53. 7.27）
4. 1	新制東海大学（文学部，工学部）開学（現静岡市清水区駒越・三保）	8.10	警察予備隊令公布
1951(昭和26)年 4. 1	東海大学高等学校開校（現静岡市葵区）	51. 3. 4	第1回アジア競技大会開催（インド）（～3.11）
			ナイロン，ストレプトマイシンなどの製造技術導入 51. 4.12
		9. 8	米国，対日講和条約・日米安全保障条約を調印
			ラジオドラマ「君の名は」開始 52. 4.10
1952(昭和27年) 1.15	・学校法人東海大学理事長就任（～91. 8.25）	52. 5. 1	皇居前血のメーデー事件発生
4. 1	東海高等学校，東海電波高等学校に改称（東	7.19	ヘルシンキ五輪大会に日本復帰

年　月　日	創立者と東海大学関係の主なできごと	年月日	社会のできごと
4.1	東海大学短期大学部（商科）開学（現静岡市清水区，62.4.1現静岡市葵区へ移転）京都港区）		広島原爆慰霊碑除幕 52.8.6
10.1	・熊本一区より衆議院議員に当選（以後67.1月まで6回当選）		
1953(昭和28)年3.31	旧制東海大学廃止	53.2.1	NHK，テレビ放送開始
1954(昭和29)年3.21	米国のビキニ水爆実験（3.1）で被曝した第五福龍丸調査	54.7.1	防衛庁・自衛隊発足 怪獣映画「ゴジラ」第1作
1955(昭和30)年1.10	東海大学工学部，東京都渋谷区（代々木校舎）に移転	55.8.6 11.15	第1回原水爆禁止世界大会開催（広島） 自由民主党結成（保守合同なる） 神武景気始まる。家庭電化時代到来
4.1	東海大学付属高等学校開校（東京都渋谷区）		
11.12	東海大学代々木校舎1号館竣工，第1回建学祭開催，「東海大学新聞」（東京）創刊		
1956(昭和31)年5.19	・設立に努力した科学技術庁が設置される	56.12.18 57.1.29 10.4	国際連合（発足45.10.24）加盟（80番目） 南極観測隊，昭和基地建設開始 ソビエト連邦，人類初の人工衛星（スプートニク1号）打ち上げに成功 NHK，FM放送を開始 57.12.24
1958(昭和33)年4.1	東海大学文学部，代々木校舎で移転再開	58.3.9	関門国道海底トンネル開通 初の国産ステレオレコード発売 東京タワー完成 58.12.23
4.1	東海大学付属幼稚園開園（現静岡市清水区）		
5.8	代々木校舎周辺住民，教育用原子炉の設置反対を原子力委員会に陳情		
12.31	超短波（FM）放送実験局放送開始（東京都渋谷区）		
1959(昭和34)年4.1	東海大学付属高等学校通信教育部開設	59.1.1 4.10 9.26	メートル法実施 皇太子明仁親王・正田美智子ご結婚 伊勢湾台風（死者・行方不明者5,098名）
4.1	東海大学工業高等学校開校（現静岡市清水区）		
4.1	東海大学高等学校，東海大学第一高等学校に改称		
4.1	東海実業高等学校，東海大学実業高等学校（定時制）に改称		
6.1	超短波（FM）放送による通信教育講座開始		
1960(昭和35)年5.1	超短波放送実用化試験局（FM東海）放送開始	60.1.19 6.15 9.10	新日米安保条約調印 安保阻止国会デモ，全学連と警官隊衝突 カラーテレビ放送開始
1961(昭和36)年4.1	東海大学第二高等学校開校（熊本県熊本市）	61.4.12	ソビエト連邦，有人衛星打ち上げに成功（「地球は青かった」ガガーリン少佐の名言）
7.1	東海大学工学部第二部開設（代々木校舎）		
1962(昭和37)年4.1	東海大学海洋学部開設（現静岡市清水区＝清水校舎）	62.2.1	東京の人口1000万人を突破
5.21	海洋調査実習船「東海大学丸」（191トン）就航		
7.7	東海大学相模校舎竣工（神奈川県相模原市）		義務教育教科書無償となる 63.4.1 国鉄ATS使用開始 63.9.1
1963(昭和38)年4.1	東海大学付属相模高等学校開校（神奈川県相模原市，旧相模校舎）	63.11.22	ケネディ米国大統領暗殺される。翌日朝，初の日米衛星テレビ中継が成功し，このニュースを伝える
4.1	東海大学第三高等学校開校（長野県茅野市）		
4.1	東海大学付属望星高等学校（旧東海大学付属高等学校通信教育部）開校（東京都渋谷区）		
4.1	東海大学短期大学部，電気通信科（一部，二部）開設（東京都港区＝高輪校舎）		
4.1	東海大学大学院工学研究科開設，工学部第二部を第二工学部と改称（代々木校舎）		
5.8	東海大学湘南校舎1号館竣工（神奈川県平塚市）		
1964(昭和39)年4.1	東海大学理学部開設（湘南校舎）	64.5.27	ネール　インド首相没（74歳）
4.1	東海大学短期大学部，機械科・電気科開設（熊本県熊本市＝熊本校舎）	6.16	新潟地震（死者26名・家屋全壊全焼2240戸）

年月日	創立者と東海大学関係の主なできごと	年月日	社会のできごと
4.1	東海大学第四高等学校開校（北海道札幌市）	8.4	米国，北ベトナム爆撃
4.15	校友会誌『東海』創刊	10.1	東海道新幹線（東京～新大阪間）開業
6.22	・首都大学野球連盟会長に就任	10.10	オリンピック東京大会開会（～10.24）
8.16	第1回学園オリンピック（スポーツ大会）開催		米原子力潜水艦初寄港 64.11.12
11.20	東海大学野球部，首都大学リーグで初優勝		
1965(昭和40)年 4.1	東海大学短期大学部，生活科学科開設（静岡県静岡市＝静岡校舎）	65. 1.24	チャーチル 英国元首相没（90歳）
		3.18	ソ連，宇宙飛行士宇宙遊泳に成功
		12.10	朝永振一郎，ノーベル物理学賞受賞
1966(昭和41)年 1.10	・日本対外文化協会会長に就任	66. 6.1	中国，文化大革命始まる
4.1	東海大学政治経済学部開設（湘南校舎）		丙午で出生率前年比25%減少
4.1	東海大学工学部福岡教養部開設（現福岡県宗像市）		ビートルズ来日 66. 6.29
4.1	東海大学第五高等学校開校（現福岡県宗像市）		
4.1	東海大学短期大学部，食物栄養科開設（静岡校舎）		
1967(昭和42)年 4.1	・学校法人東海大学総長に就任	67. 7.1	EC発足
4.1	東海大学体育学部開設（湘南校舎）	10.20	吉田茂元首相没（89歳）
4.1	東海大学工学部札幌教養部開設（北海道札幌市＝札幌校舎）		自動車保有数1000万台を突破
4.1	東海大学付属小学校開校（現静岡市清水区）		
4.1	東海大学大学院海洋学研究科開設（清水校舎）		
1968(昭和43)年 1.	海洋調査実習船「東海大学丸Ⅱ世」（702トン）就航	68. 7.1	米・英・ソ，核拡散防止条約に調印
4.1	東海大学大学院理学研究科開設（湘南校舎）	8.8	和田寿郎札幌医大教授，日本初の心臓移植手術を行う
4.1	東海大学教養学部開設（湘南校舎）	10.31	米国，北ベトナム攻撃停止発表
4.1	東海電波高等学校，東海大学高輪台高等学校に改称	12.10	川端康成，ノーベル文学賞受賞
1969(昭和44)年 4.1	東海大学大学院文学研究科開設（湘南校舎）	69. 1.18	東大安田講堂封鎖解除に機動隊投入（～19）
4.1	東海大学短期大学部，児童教育学科開設（静岡校舎）	6.12	原子力船「むつ」，東京で進水
4.1	東海大学校友会館開館（東京都千代田区）	7.20	米国宇宙船アポロ11号月面着陸，人類初めて月を踏む
1970(昭和45)年 3.17	・FM東京代表取締役に就任	70. 2.11	東大宇宙航空研究所，国産初の人工衛星「おおすみ」の打ち上げに成功
5.2	海洋科学博物館開館（現静岡市清水区）	3.14	日本万博，大阪千里丘陵で開催
6.10	湘南校舎，学園紛争のため封鎖。以後11月まで3回封鎖	3.31	日航機「よど号」ハイジャック事件発生
9.1	ヨーロッパ学術センター開設（デンマーク・コペンハーゲン）	11.25	三島由紀夫，自衛隊市ヶ谷駐屯地で割腹自殺
		12.15	ソ連の金星7号，金星に軟着陸
1971(昭和46)年 4.1	東海大学大学院政治学研究科開設（湘南校舎）	71. 6.17	沖縄返還協定調印
4.1	東海大学短期大学部，建設工学科開設（熊本校舎）		水俣病，イタイイタイ病などの告発頻繁に起こる。東京ゴミ戦争宣言
5.25	・日本高等学校野球連盟最高顧問となる		
8.16	海洋調査実習船「望星丸」（1,103トン）就航		
10.14	・ブルガリア人民共和国から最高功労賞，ソフィア大学から名誉博士号を授与される（後，各国・各機関から多数の名誉博士号，勲章等を授与される）		
11.3	・叙勲 勲一等瑞宝章受章		
1972(昭和47)年 4.1	東海大学工芸短期大学開学（北海道旭川市＝旭川校舎）	72. 2.3	冬季オリンピック札幌大会開催（～13）
		2.19	連合赤軍の浅間山荘事件発生
11.1	創立30周年記念式典挙行	3.15	山陽新幹線（新大阪～岡山間）開業
		5.15	米国，沖縄の施設権を返還，沖縄県発足
		9.29	日中国交回復
1973(昭和48)年 4.1	九州東海大学開学，工学部開設（専門課程＝熊本校舎，教養課程＝熊本県阿蘇郡長陽村）	73. 2.14	外国為替変動相場制に移行（1ドル277円でスタート）

年　月　日	創立者と東海大学関係の主なできごと	年月日	社会のできごと
4.1	阿蘇校舎） 東海大学大学院芸術学研究科開設（湘南校舎）	10.6	第4次中東戦争勃発（～74.1.18） 直後より第1次石油危機始まる
4.12	東海大学付属本田記念幼稚園開園（神奈川県伊勢原市）	12.10	江崎玲於奈，ノーベル物理学賞受賞
4.27	人体科学博物館開館（現静岡市清水区）		
6.1	東海学園付属自由ケ丘幼稚園開園（現福岡県宗像市，83.4東海大学付属自由ケ丘幼稚園）		
1974（昭和49）年3.19	東海大学情報技術センター設置	74.12.10	佐藤栄作，ノーベル平和賞受賞
4.1	東海大学医学部開設（神奈川県伊勢原市＝伊勢原校舎）		戦後初のマイナス成長，消費者物価25％上昇（狂乱物価）。新左翼の内ゲバが深刻化
4.1	東海大学医療技術短期大学開学（神奈川県平塚市）		
4.1	東海大学沼津教養部開設（静岡県沼津市＝沼津校舎）		
4.1	東洋大学第三高等学校と提携，東海甲府高等学校に改称（山梨県甲府市，77.4東海大学甲府高等学校）		
4.15	精華女子中学・高等学校と提携（千葉県市原市，75.4東海精華女子高等学校，77.12東海大学精華女子高等学校）		
5.25	かもめ幼稚園開園（熊本県熊本市）		
1975（昭和50）年2.17	東海大学医学部付属病院開院（神奈川県伊勢原市）	75.3.10	山陽新幹線全線開業（岡山～博多間延伸）
4.1	東海大学付属高等学校，東海大学付属浦安高等学校に改称し千葉県浦安市に移転	4.30	ベトナム戦争終結
11.27	・日本武道館会長に就任		
1976（昭和51）年4.1	東海大学大学院体育学研究科開設（湘南校舎）	76.1.8	周恩来　中国首相没（78歳）
4.1	東海大学付属望星高等学校静岡校開校（静岡県静岡市）		ロッキード事件起こる
		9.9	毛沢東　中国共産党主席没（82歳）
1977（昭和52）年4.1	北海道東海大学開学（旧東海大学工芸短期大学）芸術工学部開設（旭川校舎）	77.7.14	宇宙開発事業団，初の静止気象衛星「ひまわり」打ち上げに成功
4.29	全日本柔道選手権で山下泰裕（体育学部武道学科2年，現体育学部教授）優勝（85年まで9連覇）	9.5	王貞治，国民栄誉賞第1号受賞
11.22	一橋高等学校と提携（山形県山形市，78.4東海山形高等学校，82.6東海大学山形高等学校）		
1978（昭和53）年11.28	海洋実習船「望星丸Ⅱ世」（1,218トン）就航	78.5.20	新東京国際空港（現成田国際空港）開港
1979（昭和54）年4.1	東海大学大学院経済学研究科開設（湘南校舎）	79.1.13	初めての大学共通第1次学力試験実施
6.8	・財団法人松前国際友好財団を設立，理事長に就任	6.28	東京サミット（第5回主要先進国首脳会議）開催
12.5	・国際柔道連盟会長に就任（～87.11）		パソコン，ウォークマン，インベーダゲーム，ターボ仕様乗用車，自動車電話などのブーム始まる
12.11	東海大学実業高等学校（定時制）募集停止		
1980（昭和55）年4.1	東海大学大学院医学研究科開設（伊勢原校舎）		
4.1	九州東海大学農学部開設（阿蘇校舎）		
4.1	東海大学外国語教育センター設置（湘南校舎）	81.4.12	米国，スペースシャトル（コロンビア号）打ち上げ成功
4.1	東海大学付属相模中学校開校（神奈川県相模原市）	12.10	福井謙一，ノーベル化学賞受賞
1982（昭和57）年11.3	・叙勲　勲一等旭日大綬章受章	82.6.23	東北新幹線（大宮～盛岡間）開業
		11.15	上越新幹線（大宮～新潟間）開業
1983（昭和58）年4.1	東海大学付属仰星高等学校開校（大阪府枚方市）	83.4.15	東京ディズニーランド開園（千葉県浦安市）
4.1	東京菅生高等学校開校（現東京都あきる野市，89.4東海大学菅生高等学校）	9.1	大韓航空機，サハリン沖上空で撃墜される
6.30	東海大学嬬恋高原研修センター開設（群馬県吾妻郡嬬恋村）		

年　月　日	創立者と東海大学関係の主なできごと	年月日	社会のできごと
11. 1	松前記念館開館（湘南校舎）		
12. 1	東海大学医学部付属東京病院開院（東京都渋谷区）		
1984（昭和59）年 4. 1	九州東海大学大学院農学研究科開設（阿蘇校舎）	84. 5. 12	NHK，衛星テレビ試験放送開始（本放送開始89. 6. 1）
4. 1	・国際武道大学開学（千葉県勝浦市），理事長・学長に就任	7. 28	オリンピックロサンゼルス大会開会（～8. 12）　柔道山下泰裕優勝
4. 2	東海大学医学部付属大磯病院開院（神奈川県中郡大磯町）		
11. 12	東海大学松前武道センター落成（オーストリア・ウィーン市，現ウィーン市立松前武道センター）	85. 3. 22	厚生省，日本でエイズ患者を初認定
		4. 1	電電公社民営化，NTT発足
		8. 12	日航機，御巣鷹山中に墜落520人が死亡
1986（昭和61）年 4. 1	東海大学法学部開設（湘南校舎）	86. 4. 26	ソ連チェルノブイリ原子力発電所爆発
4. 1	東海大学精華女子高等学校，東海大学付属望洋高等学校に改称	11. 15	三原山大噴火，島民（1万300人）観光客（2000人）船で脱出
4. 1	東海大学第四高等学校付属中等部開校（北海道札幌市）		
11. 21	東海大学宇宙情報センター設置（熊本県上益城郡益城町）		
1987（昭和62）年		87. 3. 9	小田急大根駅，東海大学前駅と改称
		4. 1	国鉄民営化，JRグループ発足
		10. 19	ニューヨーク株価大暴落（ブラックマンデー）
		12. 10	利根川進，ノーベル医学生理学賞受賞
1988（昭和63）年 4. 1	北海道東海大学国際文化学部・工学部開設（札幌校舎）	88. 3. 13	青函トンネル（53.85km）開業
4. 1	東海大学付属デンマーク校開校（中等部・高等部，デンマーク・プレスト）	4. 10	瀬戸大橋開通
4. 1	東海大学付属浦安中学校開校（千葉県浦安市）		
4. 27	松前重義記念館開館（熊本県上益城郡嘉島町）		
1989（平成元）年 4. 1	東海大学付属望星高等学校，単位制教育開始（東京都渋谷区＝東京校）	89. 1. 7	昭和天皇崩御（87歳）皇太子明仁親王即位
		1. 8	「平成」と改元
4. 1	東海大学付属望星高等学校熊本校開校（熊本県熊本市）	4. 1	消費税導入（税率3％）
		11. 9	ベルリンの壁取り壊し始まる
9. 1	モスクワ大学松前記念スタジアム竣工（現ロシア）	12. 2	米ソ両国首脳，東西冷戦終結を宣言
1990（平成2）年 4. 1	東海大学大学院法学研究科開設（湘南校舎）	90. 1. 13	初めての大学入試センター試験実施
4. 1	九州東海大学大学院工学研究科開設（熊本校舎）	8. 2	中東湾岸戦争勃発（～91. 2. 28）
4. 1	北海道東海大学大学院芸術工学研究科開設（旭川校舎）	8. 7	米・英，多国籍軍サウジアラビア派遣を決定
4. 1	東海大学福岡短期大学開学（旧福岡教養部，福岡県宗像市）	10. 3	東西ドイツ統一
4. 1	東海大学高輪台高等学校，東海大学付属高輪台高等学校に改称		
4. 1	東海大学付属望星高等学校北海道校開校（北海道札幌市）		
1991（平成3）年 1. 26	学校法人東海大学理事長に松前達郎就任	91. 4. 26	自衛隊掃海艇ペルシャ湾に出発
2. 1	東海大学パシフィックセンター設置（ハワイ）	6. 3	雲仙普賢岳の噴火で大火砕流発生
4. 1	東海大学開発工学部開設（旧沼津教養部，沼津校舎）	12. 21	ソビエト連邦消滅，独立国家共同体誕生
4. 1	東海大学付属望星高等学校福岡校開校（福岡県宗像市）		
8. 25	・松前重義逝去（89歳）		
10. 1	学校法人東海大学総長に松前達郎就任		
1992（平成4）年11. 1	建学50周年記念式典挙行	92. 6. 15	PKO協力法，衆議院本会議で可決成立

年　月　日	創立者と東海大学関係の主なできごと	年月日	社会のできごと
1993(平成5)年4.1	『高校現代文明論』(東海大学出版会)刊行	93.1.1	EC統合市場発足
4.1	北海道東海大学大学院理工学研究科開設(札幌校舎)	6.9	皇太子徳仁親王・小和田雅子「結婚の儀」
10.1	海洋調査研修船「望星丸」(国際総トン数2,174トン)就航	7.12	北海道南西沖地震
1994(平成6)年4	高校現代文明論授業開始	94.6.27	松本サリン事件
		12.10	大江健三郎，ノーベル文学賞受賞
1995(平成7)年4.1	東海大学大学院開発工学研究科開設(沼津校舎)	95.1.1	世界貿易機関(WTO)発足
4.1	東海大学健康科学部開設(伊勢原校舎)	1.17	阪神・淡路大震災
4.1	東海大学菅生高等学校付属中学校(提携校)開校(東京都あきる野市，97.4 東海大学菅生中学校)	3.20	地下鉄サリン事件
1996(平成8)年4.9	東海大学付属仰星高等学校中等部開校(大阪府枚方市)	97.4.1	消費税率5％に改定
		7.1	香港返還
		10.1	長野新幹線(東京〜長野間)開業
1998(平成10)年4.1	学校法人東海大学教育開発研究所開設(東京都渋谷区)	98.2.7	長野オリンピック開会(〜2.22)
1999(平成11)年4.1	東海大学大学院健康科学研究科開設(伊勢原校舎)	99.8.13	国旗国歌法施行
4.1	東海大学付属翔洋高等学校開校(東海大学第一高等学校と東海大学工業高等学校を統合，現静岡市清水区＝清水校舎内)	12.20	マカオ返還
2000(平成12)年3.5	『新高校現代文明論』(東海大学出版会)刊行	00.7.19	二千円札発行
4.1	学校法人東海大学現代文明論研究センター設置	8.29	三宅島で火砕流発生
4.1	学校法人東海大学エクステンションセンター設置	9.15	シドニーオリンピック開会(〜10.1)
4.1	九州東海大学応用情報学部開設(熊本校舎)	12.10	白川英樹，ノーベル化学賞受賞
8.26	「第1回ディベート東海」開催(〜05，於付属翔洋高等学校)		
2001(平成13)年2.	創立者松前重義生誕100年記念事業開始	01.9.11	アメリカ同時多発テロ事件
2.26	松前重義博士記念シンポジウム開始(〜05，於ヨーロッパ学術センター)	12.10	野依良治，ノーベル化学賞受賞
4.1	東海大学電子情報学部開設(湘南校舎)		
8.20	松前重義生誕100年記念論文募集		
10.24	『松前重義手稿影印集』(東海大学出版会)刊行		
11.1	松前重義肖像画完成披露ビデオ『歴史は大観すべし』完成上映		
2002(平成14)年3.1	東海大学医学部付属八王子病院開院(東京都八王子市)	02.1.1	EUユーロ統合流通開始
		2.8	ソルトレイクシティオリンピック開会(〜2.24)
10.24	『定本　松前重義全集　著作篇』第1巻(東海大学出版会)刊行	12.10	小柴昌俊，ノーベル物理学賞受賞
			田中耕一，ノーベル化学賞受賞
2003(平成15)年4.1	東海大学第一中学校，東海大学付属翔洋中学校に改称，移転(清水校舎内)	03.3.20	イラク戦争勃発
4.1	かもめ幼稚園，東海大学付属かもめ幼稚園に改称	10.15	北朝鮮拉致被害者5人帰国
9.1	東海大学知的財産戦略本部設置		
2004(平成16)年4.1	東海大学専門職大学院実務法学研究科開設(代々木校舎)	04.8.13	アテネオリンピック開会(〜8.29)
4.1	東海大学第二高等学校，東海大学付属第二高等学校に改称	10.23	新潟県中越地震
4.1	東海大学第三高等学校，東海大学付属第三高等学校に改称		
4.1	東海大学第四高等学校，東海大学付属第四高等学校に改称		

年　月　日	創立者と東海大学関係の主なできごと	年月日	社会のできごと
4．1	東海大学第五高等学校，東海大学付属第五高等学校に改称		
4．1	東海大学第四高等学校付属中等部，東海大学付属第四高等学校中等部に改称		
2005(平成17)年4．1	東海大学連合大学院（九州東海大学と北海道東海大学との連合）理工学研究科，地球環境科学研究科，生物科学研究科開設	05．3．20 　　3．25 　　10．14	福岡西方沖地震 愛知万博開幕（〜9.25） 郵政民営化法成立
4．1	北海道東海大学大学院国際地域学研究科開設（札幌校舎）		
6．8	東海大学望星学塾創立70周年記念式		
2006(平成18)年4．1	東海大学電子情報学部，情報理工学部に改称	06．2．10 　　10．9	トリノオリンピック開会（〜2.26） 北朝鮮核実験
4．1	東海大学第二工学部，情報デザイン工学部に改称		
2007(平成19)年4．1	東海大学専門職大学院組込み技術研究科開設（高輪校舎）	07．3．25 　　7．16 　　10．1	能登半島地震 新潟県中越沖地震 日本郵政グループ発足
4．1	東海大学大学院人間環境学研究科開設（湘南校舎）		
4．1	東海大学付属高輪台高等学校中等部開校		
2008(平成20)年3．31	東海大学付属デンマーク校閉校	08．5．12 　　6．14 　　8．8 　　12．10	四川大地震 岩手・宮城内陸地震 北京オリンピック開会（〜8.24） 南部陽一郎，ノーベル物理学賞受賞 小林誠，ノーベル物理学賞受賞 益川敏英，ノーベル物理学賞受賞 下村脩，ノーベル化学賞受賞
4．1	九州東海大学・北海道東海大学，東海大学に統合		
4．1	東海大学連合大学院，東海大学に移管。東海大学大学院総合理工学研究科，地球環境学研究科，生物科学研究科開設		
4．1	東海大学大学院国際地域学研究科（札幌校舎），理工学研究科（同），芸術工学研究科（旭川校舎），産業工学研究科（熊本校舎），農学研究科（阿蘇校舎）開設		
4．1	東海大学総合経営学部（熊本校舎），産業工学部（同），農学部（阿蘇校舎），国際文化学部（札幌校舎），生物理工学部（同），芸術工学部（旭川校舎），情報通信学部（高輪校舎）開設		
4．1	東海大学付属浦安中学校，東海大学付属浦安高等学校中等部に改称		
4．1	東海大学付属相模中学校，東海大学付属相模高等学校中等部に改称		
4．1	東海大学菅生中学校，東海大学菅生高等学校中等部に改称		
2009(平成21)年4．1	東海大学付属翔洋中学校，東海大学付属翔洋高等学校中等部に改称	09．9．16	鳩山由紀夫（民主党）内閣発足
2010(平成22)年4．1	東海大学観光学部開設（湘南校舎）	10．2．12 　　6．13 　　11．3．11	バンクーバーオリンピック開会（〜2.28） 小惑星探査機はやぶさ地球に帰還 東日本大震災
2012(平成24)年4．1	東海大学生物学部開設（札幌校舎）	12．2．29 　　7．27 　　9．11 　　12．10 　　12．26	東京スカイツリー竣工 ロンドンオリンピック開会（〜8.12） 尖閣諸島を国有化 山中伸弥，ノーベル医学生理学賞受賞 第二次安倍晋三（自民党）内閣発足
4．1	東海大学大学院情報通信学研究科開設（高輪校舎）		
4．1	東海大学付属第二高等学校，東海大学付属熊本星翔高等学校に改称		
4．1	東海大学付属小学校・付属幼稚園，清水校舎内に新築・移転		
2013(平成25)年4．1	東海大学経営学部，基盤工学部開設(熊本校舎)	13．6．22 　　9．7	富士山，世界文化遺産に登録（三保松原も登録） 2020年東京オリンピック開催決定
2014(平成26)年4．1	東海大学甲府高等学校，東海大学付属甲府高等学校に改称	14．4．1 　　4．8	消費税率8％に改定 WindowsXPのサポートが終了

年　月　日	創立者と東海大学関係の主なできごと	年月日	社会のできごと
4.1	東海大学付属第四高等学校中等部，募集停止（16.4 廃止）	9.27	御嶽山が噴火
5.30	松前義昭，学校法人東海大学理事長に就任		
2015(平成27)年 4.1	東海大学付属翔洋高等学校，東海大学付属静岡翔洋高等学校に改称	15.3.14	北陸新幹線（長野〜金沢間）開業
4.1	東海大学付属翔洋高等学校中等部，東海大学付属静岡翔洋高等学校中等部に改称	4.25	ネパール大地震
4.1	東海大学付属幼稚園，認定こども園東海大学付属幼稚園に改称	7.20	アメリカ・キューバ国交回復
4.1	東海大学付属本田記念幼稚園，認定こども園東海大学付属本田記念幼稚園に改称	9.19	安全保障関連法が成立
4.1	東海大学付属かもめ幼稚園，認定こども園東海大学付属かもめ幼稚園に改称		
8.6	第50回東海大学学園オリンピックスポーツ大会開催		
2016(平成28)年 4.1	東海大学付属第三高等学校，東海大学付属諏訪高等学校に改称	16.3.26	北海道新幹線（新青森〜新函館北斗間）開業
4.1	東海大学付属第四高等学校，東海大学付属札幌高等学校に改称	4.14	熊本地震
4.1	東海大学付属第五高等学校，東海大学付属福岡高等学校に改称	6.23	イギリスが国民投票でEU離脱決定
4.1	東海大学付属望洋高等学校，東海大学付属市原望洋高等学校に改称	8.5	リオデジャネイロオリンピック開会（〜8.21）
4.1	東海大学付属小学校，東海大学付属静岡翔洋小学校に改称		
4.1	認定こども園東海大学付属幼稚園，認定こども園東海大学付属静岡翔洋幼稚園に改称		
4.1	東海大学付属自由ケ丘幼稚園，認定こども園東海大学付属自由ケ丘幼稚園に改称		
2017(平成29)年11.1	東海大学建学75周年記念式典・記念行事を挙行		
2018(平成30)年 3.	東海大学福岡短期大学閉学	18.6.18	大阪府北部地震
4.1	東海大学文化社会学部，健康学部開設（湘南校舎）	9.6	北海道胆振東部地震
4.1	東海大学付属仰星高等学校，東海大学付属大阪仰星高等学校に改称	12.10	本庶佑，ノーベル医学生理学賞受賞
4.1	東海大学付属仰星高等学校中等部，東海大学付属大阪仰星高等学校中等部に改称		
2019(平成31,令和元)年		19.5.1	皇太子徳仁親王が天皇に即位，令和に改元
1.3	箱根駅伝で東海大学が初優勝	7.6	仁徳天皇陵を含む「百舌鳥・古市古墳群」が世界文化遺産に登録
2.9	第50回海外研修航海開始（〜3.27）	9.20	ラグビーW杯日本大会開幕。日本代表は初の8強入り（〜11.2）
		10.1	消費税10%に引き上げ。飲食料品などは8%に据え置く「軽減税率制度」導入
		10.31	沖縄・首里城焼失
		12.10	吉野彰，ノーベル化学賞受賞
2020(令和2)年 2.10	第51回海外研修航海の中止を発表	20.1.31	イギリスがEU離脱
2.20	新型コロナウイルス感染症中央対策本部設置	2.1	政府から全国の小学校，中学校，高校及び特別支援学校に対して，3月2日以降の全国一斉臨時休校を要請
2.27	2019年度秋学期学位授与式と2020年度春学期入学式の中止を発表		
2.28	初等中等教育機関で2019年度卒業証書授与式の中止を発表	2.27	東京オリンピック・パラリンピック延期決定
4〜5.	インターネットを活用した遠隔授業を各校舎で実施	3.24	新型肺炎の影響で選抜高校野球はじめ各種大会が中止・延期

年　月　日	創立者と東海大学関係の主なできごと	年月日	社会のできごと
5.12	学園オリンピック（湘南校舎・嬬恋高原研修センター）の中止を発表	4.7	新型コロナウイルス感染症緊急事態宣言（当初都市部のみ，4.16全国に拡大，5.25解除）
7.31	東海大学校友会館閉鎖	7.16	藤井聡太，史上最年少で初タイトル棋聖獲得
		9.16	菅義偉内閣発足
		12.6	小惑星探査機「はやぶさ2」カプセル帰還
2021（令和3）年 1.23	東海大学湘南校舎男子サッカー部，全国大会「#atarimaeni CUP」優勝	21.1.8	新型コロナウイルス感染症，第2回緊急事態宣言（東京都，〜3.21）
3.8	医学部付属病院，医療従事者を対象とした新型コロナウイルスのワクチン接種開始	1.16	初めての大学入学共通テスト実施
3.	東海大学短期大学部閉学	2.1	ミャンマーで軍事クーデター
4.1	付属相模高等学校，選抜高校野球大会で優勝	2.17	医療従事者対象に新型コロナウイルスのワクチン先行接種開始
4.2	東海大学，新入生と2年生を対象に入学式開催（湘南校舎）	4.12	一般，高齢者より新型コロナウイルスのワクチン接種開始
5.21	新型コロナウイルスのワクチン接種のため，「望星丸」で医学部付属病院の医師らを東京都小笠原村へ派遣	4.25	新型コロナウイルス感染症，第3回緊急事態宣言（東京都，〜6.20）
7.	各校舎で新型コロナウイルスワクチンの職域接種開始	7.3	静岡県熱海市で大規模な土石流
		7.12	新型コロナウイルス感染症，第4回緊急事態宣言（東京都，〜9.30）
11.14	東海大学柔道部，全日本学生柔道優勝大会で2大会連続の男女同時優勝	7.23	東京オリンピック開会（〜8.8）
12.5	東海大学女子バレーボール部，全国大会優勝	8.24	東京パラリンピック開会（〜9.5）
		10.4	岸田文雄内閣発足
		10.26	秋篠宮家の長女・眞子さんが小室圭さんと結婚
2022（令和4）年 1.8	付属大阪仰星高等学校ラグビー部，全国大会優勝	22.2.4	北京冬季オリンピック開会（〜2.20）
1.14	松前重義，野球殿堂入り（特別表彰）	2.24	ロシアがウクライナに軍事侵攻
2.10	付属札幌高等学校スキー部，全国大会で男子総合優勝	3.4	北京冬季パラリンピック開会（〜3.13）
3.	東海大学医療技術短期大学閉学	4.1	成年年齢18歳に引き下げ
4.1	東海大学児童教育学部（湘南校舎），経営学部（高輪校舎），国際学部（高輪校舎），建築都市学部（湘南校舎），人文学部（清水校舎），文理融合学部（熊本校舎）開設	4.23	知床半島沖で観光船が沈没
		7.8	安倍晋三元首相が演説中，銃撃され死亡
		9.8	英エリザベス女王が逝去（96歳）
6.26	東海大学柔道部，全日本学生柔道優勝大会で3大会連続の男女同時優勝		
7.	学園オリンピック3年ぶりに開催		
12.4	東海大学湘南校舎女子バレーボール部，全国大会3連覇，4冠達成		
2023（令和5）年 4.1	東海大学阿蘇くまもと臨空キャンパス開設	23.5.8	新型コロナウイルス感染症が5類へ引き下げ
		10.	パレスチナ暫定自治区のガザ地区を実効支配するイスラム組織ハマスがイスラエルを攻撃，大規模な軍事衝突に発展
		10.11	藤井聡太，将棋で史上初の八冠達成
2024（令和6）年 9.8	学校法人東海大学総長，松前達郎逝去（97歳）	24.1.1	石川・能登半島地震
9.20	学校法人東海大学総長に松前義昭就任	7.3	新紙幣が20年ぶりに発行
		7.26	パリオリンピック開会（〜8.11）
		8.28	パリパラリンピック開会（〜9.8）
		10.1	石破茂内閣発足
		12.10	日本原水爆被害者団体協議会，ノーベル平和賞受賞

新編　高校現代文明論	
2009年3月5日	第1版第1刷発行
2025年2月20日	第1版第16刷発行

監 修 者	内木文英
編 集 者	高校現代文明論編集委員会
発 行 者	村田信一
発 行 所	東海大学出版部
	〒259-1292　神奈川県平塚市北金目 4-1-1
	電話 0463-58-7811　振替 00100-5-46614
	URL https://www.u-tokai.ac.jp/network/
	publishing-department/
印　　刷	港北メディアサービス株式会社
製　　本	誠製本株式会社

©Tokai University, 2009　　　　　　　　　　　　　ISBN978-4-486-01820-9

・JCOPY ＜出版者著作権管理機構 委託出版物＞

本書（誌）の無断複製は著作権法上での例外を除き禁じられています．複製される場合は，そのつど事前に，出版者著作権管理機構（電話 03-5244-5088, FAX 03-5244-5089, e-mail: info@jcopy.or.jp）の許諾を得てください．